これだけで、幸せ

小川糸の少なく暮らす29ヵ条

小川 糸
Ogawa Ito

講談社

もくじ

Contents

第1章

これだけで、幸せな「ものづきあい」12ヵ条

第2章 「五感」を喜ばせる7つの秘訣

第3章

シンプルで豊かな
モンゴル
自由を愛する
ベルリン

第4章 好きな「こと」や「ひと」だけでいい

第1章

これだけで、幸せな「ものづきあい」12ヵ条

若いころとは違い、今は真剣に「ものづきあい」を考えるようになりました。より〝楽に〟そして〝自分らしく〟生きるために、誰のものでもない自分だけの「ものづきあい」をしていきたいと強く思うようになったのです。ともに年を重ねていき、私という人間の輪郭をより研ぎ澄ませてくれる。そんなかけがえのない「もの」に出合うための心がけをお話ししましょう。

chapter 1

1

生活用品は「ずっと気に入っていられるものか」自分に尋ねる

日々の暮らしの中で接する道具や生活用品を選ぶ基準は、はっきり決まっています。できるだけ「長く使えるもの」「ずっと気に入っていられるもの」です。

たとえば、キッチンの流しの横の壁にかけている2枚のふきん。

友人がプレゼントしてくれた手織りの木綿のもの。しっかりとした丈夫な素材で縁の始末も美しく、吸水がよく、手にもお皿にもなじみます。1枚使ってみたらとても使い心地がよかったので、これを私の「定番ふきん」にしようと決めました。

真っ白のふきんも気持ちがいいけれど、このニュアンスのあるグレーにひとめぼれしました。見た目はもちろん、醤油などの落ちにくいシミがついても目立たないというのが実用的です。かけるのに便利なボタン穴がついているのも、このふきんに惚れ込んだ理由のひとつです。

ずっとつきあいたい
ものならば、
見える収納も
暮らしの楽しみとなる。

濃淡の違う2枚は、「手拭き用」と「食器拭き用」で用途を分けて。毎日せっせと、私の台所仕事につきあってくれています。

気に入った道具は使いやすいように、置き場所や収納の方法も工夫するといいですね。シンクの前に立った状態でサッと手にとれてスッと戻せるように、壁にふきん専用のフックを取り付けました。ふきんの置き場所にしては、目立つ場所かもしれません。でも、気に入っているものだからむしろ目につく位置に。漆喰の白い壁に木綿の素材がよく似合って、うれしい結果となりました。ちなみに、ふきんの横にかけてあるのは日常使いの帽子です。

使う頻度が高い生活道具ほど、「使いやすい」と感じられる心地よさにこだわりたい。そう思って、少しでも不便や不具合を感じると「もっと気持ちよく使えるもの」を探すことが私の習慣になりました。

これで終わり、と言いきれる選択ができたら、その後はずっと買い換えなくていい。一生を添いとげられるものに出合うことは、その後の人生を楽にしてくれるものだと感じています。

このように、「一生を添いとげられるもの」として出合い、20年近く使っている道具はほかにもあります。

そのひとつが、鉄瓶。浅草のかっぱ橋道具街で買ったものです。使い込むほどに、まろやかで優しい味のお湯ができるようになりました。この鉄瓶はプレゼントにも最適で、友人が結婚するときにお祝いで差し上げたりしています。

壊れにくいですし、一生添いとげられますように、という祝福のメッセージにもなります。役目を終えた最後には、土に返せば、また地球に戻ります。

私が求め続けるものの条件は何か、あらためて考えてみると、それはやはり「つくり手や伝統といった背景が見えてくる確かさ」です。ものとつきあうということは、それをつくった人や文化とのつきあいでもあるからです。

もうひとつ、「壊れたら直せること」も欠かせない条件。長く使っているとほころびが出るのは当然。修繕・修理しながら、さらにつきあいを続けることで、ものへの愛着が深まります。

いいもの探しは国境を越えることも。ここ5年ほど、夏を過ごすのが定番になったベルリンの滞在中に見つけたのが、ナイフとフォークです。

切れ味がよくてふだん使いの食器にも合うものをずっと探してきました。デザインが素敵なイタリア製のものを使いながら「一生添いとげられるもの」とまではいかないなぁ……と悶々《もんもん》としていましたが、やっと出合えました。

週末に開かれる蚤《のみ》の市に足を運んで、昔使われていたナイフから掘り出し物を探したり、レストランの食事中にフォークの刻印をチェックしたり。いくつも候補は出てきたけれど、まだまだあるかもと粘りに粘って、そしてついに見つけたのが老舗の百貨店のショーケースに並んでいたこのセット。

「切る」「刺す」という機能性を追求して磨きあげられた形状。木肌が手にしっくりなじむ、シンプルだけど品のいい柄《え》の意匠。手にとってみてすぐに「これがいい」と確信できました。ずっと探していたものに出合えたときの安堵感と充足感。この瞬間がとても好きです。

肉や魚に使うサイズのほか、デザート用の小ぶりのものも購入しました。お客様にタルトやフルーツをお出しするときにナイフとフォークを添えると、「へぇ。タルトにナイフ？」とびっくりされますが、使ってみるとタルトが崩れずにスイスイと切れるものだから、みなさん納得されて「これ、いいねぇ」なんておっしゃいます。

これまでもずっと私の生活に寄り添ってくれたものであり、これからの生活もともに過ごすもの。そんなかけがえのない〝相棒〟のような道具がひとつ、またひとつと増えていっています。

やっと出会えた
ナイフとフォークは
ドイツのゾーリンゲンにある
アイヘンラウプ社製のもの。
ひとつひとつ
職人さんによる手作りだ。

1年ほど使い込んで
湯に慣らすと、
鉄瓶は錆に強くなる。
中には炭を入れている。

chapter 1

2

物欲を刺激されたら「それを持って幸せか」を基準にする

ご飯を炊く必需品といえば？　そう聞かれたらなんと答えるでしょう？

私の場合は、「精米機」と「文化鍋」、そして「おひつ」。これがわが家の炊飯の〝三種の神器〟です。

炊飯器はすっかり日本人の生活に浸透して、ない家を探すほうが難しいかもしれません。家電量販店に行けば、これでもかと最新鋭の機能を搭載した立派な炊飯器が並んでいます。でも、私にとっては必要なものではありません。

なぜかというと、私が好きなご飯の炊き方に、炊飯器の出番はないからです。

もう20年近くおつきあいのある農家から届けていただいている玄米を、食べる分だけ測って取り出し、家庭用精米機にザザーッ。お米は生ものだから、やっぱり精米したてがおいしいのです。料理や気分にあわせて、五分づきにしたり、三分づきにしたり、選ぶのも楽しい作業。

つきたてのお米は銅製のボウルへ。指先にお米の感触を味わいながら、手早く水で洗い、お米を研ぎます。

そして、ここで文化鍋のご登場。長年の友人である、土器典美《どきよしみ》さんにアドバイスをもらい、買ったものです。ごくシンプルな文化鍋だけど、フタがしっかりと閉まって（これ、おいしいご飯を炊くために重要！）、大きさもちょうどいい。何より炊けるご飯がおいしくて。

毎日愛用するうちにフタの取っ手の一部がとれてしまい、熱くなっているときに触ると「あちち」となりますが、気をつけさえすれば特に不便は感じないのでそのまま使い続けて十数年。長らく、うちのキッチンのお局様になっています。

炊きあがったご飯は、十分に蒸らしたらおひつへ。炊きたてご飯の余分な水分は飛んで、うまみがぎゅっと凝縮されます。

使っているのは、天然秋田杉の曲げわっぱで有名な柴田慶信商店さんがつくっているおひつです。私は寿司飯もこれでつくりたかったので、5合入るサイズを注文しました。待つこと2ヵ月ほどで届いたおひつには大満足。

1

2

3

4

食べる分だけ
精米するので
お米の味が落ちないし、
水に浸さなくていい。
米を研いだら、
同量の水と一緒に
文化鍋に入れて強火にかける。

沸騰したらすぐ
弱火にして15分。
蒸らしてから
おひつに移す。
おいしいご飯の
できあがり。

5

6

7

8

金具をいっさい使っていないから引っかかりがなく、水気もたまりにくい。しゃもじで移しながらホカホカと立ち上る湯気を浴び、炊きたてのご飯の香りをいっぱいに吸うのは至福のひとときです。使いやすいおひつに出合ってから、ご飯を炊くのがいっそう楽しい作業になりました。

精米機は心から買ってよかったと思える家電です。家電をひとつだけ残すとしたら、私は精米機を選ぶでしょう。炊飯器はいらなくて、精米機が必需品なんて変ですか？

たしかに変かもしれません。世間一般ではあるはずのものがないのですから。

「みんなが持っているのに、小川さんは持たなくて不安にならないの？」と、不思議に思われるかもしれません。

でも、私にとって必要なものは世間がすすめる〝標準〟と同じとは限らない。自分だけの「買う基準」を持とう。そう考えてきました。

世の中はいつも便利な新商品であふれていて、それらを追わないといけないような気持ちになることもありますよね。でも、「本当にそれ、必要かしら？」と自分に問い直すと、自分を縛っていた思い込みの存在に気づけるかもしれません。より優先すべき「私が本当に欲しいもの」に敏感でありたいと思います。

chapter 1

3

「気に入ってよく着る服」以外は手放すと決める

軽くて肌になじむもの。衣食住の中の「衣」は心地よさにこだわって選んでいます。服は直接肌に触れ、長い時間身につけます。だから、少しでもストレスを感じると、心にも体にもよくないでしょう。

肌の延長のようになじんで、まるで裸で歩いているように過ごせる服。着心地のいい服に包まれているだけで、心が自由になります。

心地よさを決めるのは「素材」です。

夏は吸水性と通気性がよく、涼しさを感じられる「麻」、冬は暖かでまろやかな肌触りの「カシミヤ」。季節にあった素材を決めておくと、買い物で選択肢がぐっと絞られて時間短縮にもなります。

素材が肌になじみ、着て心地のいい服を選ぶと、頻繁に着るようになるので、数がそんなに必要ではなくなります。

ワンシーズンで着回しているのは10着未満。新しい服を買ったら、もう着なくなった服はできるだけ手放すようにして、常に「気に入ってよく着る服だけ」を手元に置くように心がけています。あまり着ない服をとっておくのは、住まいのスペースの無駄にもなりますからね。

今でこそ「素材第一主義」で服を選んでいる私ですが、20代のころは色柄のデザイン重視派でした。数だって今よりもたくさん持っていました。

でも、そのときどきの流行のデザインを追った服を着ても、ちっとも「心地いい」と感じていない自分に、あるときハッと気づいたのです。

心地よさにこだわって服を選ぶとしたら、何が絶対条件になるだろう？

そう考えてみると、暑さが大の苦手な私にとって重要だったのは、「夏を涼しく過ごせること」でした。そこで麻素材の服を積極的に取り入れてみると、格段に夏が快適になったのです。

これで、私の夏の服は「麻」と決まりました。

次に大事な条件だと考えたのは「軽いこと」。

しめつける服は
ほとんどない。
上下の組み合わせを
考えずに済むので
ワンピースが多くなった。

服や荷物といった、身につけるものに重さを感じると、気分まで沈んでしまうたちです。寒い季節にたくさん着こんで肩や腕が重くなるのが嫌だなぁと感じていました。ということで、冬に頼りになる軽くて暖かな素材を求めた結果が「カシミヤ」という選択でした。

カシミヤはお値段が張ります。でも、丈夫で長くもつ素材なのでかえって節約になるのではないでしょうか。

一度、車が頻繁に通る道路でお気に入りのカシミヤのマフラーを落としてしまい、半日後に発見したことがありました。あちこち踏まれて埃にまみれてクタクタになった姿にせつない気持ちになりましたが、丁寧に洗うともともとの肌触りのいい感触を取り戻してくれました。やっぱりカシミヤって丈夫なのね、と実感した出来事でした。

長くもつ素材であれば、着なくなったときには人に譲ることだってできます。10枚のウールのセーターより、1枚のカシミヤ。それだけの価値があると感じています。

季節に応じて素材を決めるだけでも服選びの条件は絞られますが、私はさらにブランドをほぼひとつに決めてしまいました。もう何年もお世話になっているのは皆川明さんのブランド「ミナ ペルホネン」。

壁に絵画を飾ろうと
フックを取り付けておいたら、
いつの間にか掛け布団用に。
日中かけておくと
湿気が逃げて
毎日心地よく寝られる。

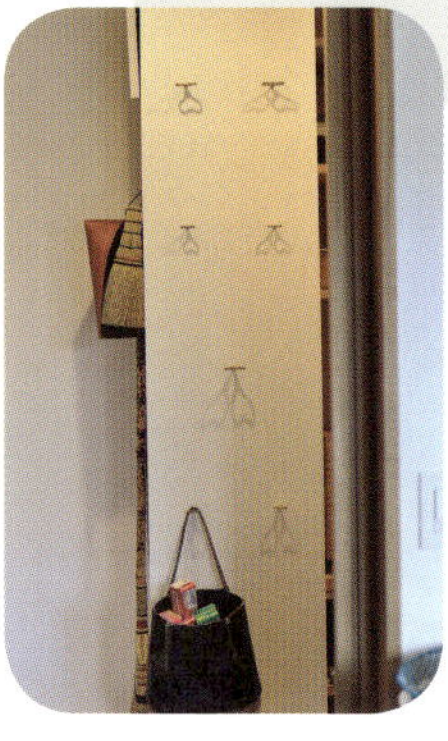

フックは小川家の
マストアイテム。
手づくりでシンプルなもの、
壁のアクセント的なものなど
時間をかけて探してきた。
鹿の飾りは、ふだん
帽子かけとして使っている。

可愛らしいパターンが素敵なのはもちろんのこと、手作業を重んじる丁寧な服づくりに惹かれました。そして、私が積極的に選びたい麻とカシミヤの素材でつくられた服が豊富なのも魅力です。

ブランドの好みというのは人それぞれですし、いくつものブランドから選ぶ楽しみもあると思います。私の場合は、「素材とブランドを決める」ことで買い物の選択肢がいい意味で狭まり、気が楽になりました。

「私にとっては、これで間違いない」という確信があるから、あれこれと迷わなくていいんです。そういう確信を持てることがきっと大事で、そのための第一歩はやはり、自分にとっての絶対条件を正確に知る、ということなのでしょうね。

肌に触れるもの、という点では「布団」もこだわってきました。

夏用には木綿と麻を織り込んだ素材の夏掛け布団を。肌寒くなってきたら薄いカシミヤの毛布を出し、さらに寒くなると夏掛けとカシミヤ毛布を重ねてミルフィーユ状にしてかけて寝ています。この方法にしてから、暑さ、寒さ、そして布団の重さからくる寝苦しさから解放され、ぐっすりと眠れるようになりました。

chapter 1

4

丁寧に暮らしたいなら「楽をする道具」を取り入れる

「小川さんって、ストイックな自然派生活主義者なのかと思っていたけれど、違うんですね」

はい、そうなのです。私、単に「楽でありたい」という効率主義者なのです。

食事やお酒を楽しんだあとの食器洗いは食器洗浄機にお任せ。料理をつくるのは大好きですが、食器の片づけはルンルン気分とはいかなくて。

ふだんの床掃除を担ってくれているのは掃除ロボット。外出しているあいだに掃除が済むように、スイッチを押して、「よろしくね」といって出かけます。ロボットがぶつからないように床にものを置かなくなって部屋が片づくのも、思わぬ効果でした。

ほうきで床をはいたり、丁寧にぞうきんがけをしたり。毎日掃除に時間をかけられたらいいのですが、なかなかそうはいきませんよね。

それに「掃除が行き届いていない」という理由で夫婦喧嘩になったり、家族で過ごす時間にイライラしたりするのも残念です。

自宅が仕事場でもあるので、家事を始めたらきりがなく、執筆の時間を確保する必要もあります。

苦手な家事を機械に任せることで生まれた時間を、執筆や心を休めるためのティータイムなど、より時間をかけたいと思えることに費やせ、日々の快適さやゆとりにつながると思います。無駄なものは極力家に入れたくない私ですが、時間を短縮し、力を抜くための便利なものは大歓迎。これからも積極的に活用していきたいと思っています。

失敗もありました。調理の手間を省けると思って買った大型のミキサー。使ったあとに洗うのが面倒で、結局使いこなせぬまま処分となりました。よく考えれば、ミキサーでやろうとしていたことがすり鉢とすりこぎで十分な作業であったり、小ぶりなハンディタイプのミキサーで十分だったりすることに気づきました。

機械に頼ろうと思って、結局は手作業に戻ることもあるんですね。いずれにしても、決め手になるのは「より効率的で楽な方法はどちらか」です。

お茶のセットは「日本茶用」「紅茶用」など分けて揃えると時短に。

家から歩いて5分くらいの
場所にある
お弁当屋さんの日替わり弁当。
忙しいときの
セカンドキッチンとして
頼りにしている。

コーヒーゼリーは夏の
デザートの定番。
ゼラチンを少し多めの
熱いコーヒーで溶くと
フルフルの食感になる。

調理そのものを省くことだってよくあります。いくら好きとはいえ、締め切りや外出の予定があるときなど「今日は無理」という日だってありますから。

そんなときにいつも頼りにしているのが、近所のおいしいお弁当屋さん。容器にぎゅっと詰まった種類豊富なおかずは毎日日替わりでヘルシー。いつ買っても大満足のお味です。品切れになっていないか電話で確認してから買いに行き、冷蔵庫にある野菜でささっと味噌汁をつくれば、立派な食卓の完成です。夫とふたり、おいしくいただきます。

「いざとなれば」と頼れるおいしいお弁当屋さんを一軒、近所で見つけておけば気持ちがとても楽になりますよ。

最近はやりのライフスタイルとして「丁寧に暮らす」という表現をよく見かけるようになりましたが、その意味するところはいくつものイメージが混在しているのかもしれません。

徹底的に自然素材にこだわりたい人、自分のゆとりを第一に考えたい人、好きなものに囲まれて暮らしたい人……。自分にとっての「丁寧に暮らす」ってどんなことなのか。一度考えてみると、取り入れるべき生活の工夫が見えてきそうな気がします。

chapter 1

5

自分を大事にする。だから、無責任にものを受け入れない

ものを使うことは、ものに対して責任を持つということ。

ちょっと大げさかもしれませんが、そんな覚悟のような意識は常に持っていたいと胸に留めています。

あまり使わないかもしれないもの、買ってもうまく使いこなせそうにないものは家に持ち込まないように心がけます。

そして、家に持ち込むと決めたものとはできるだけ長くつきあう。おつきあいを長く重ねるには、「大事にしたい」と思えるもの、そして「大事にできる」と自信を持てるものを吟味する必要があります。

私にとってプライオリティの高い「おいしいご飯」のために、長いつきあいになっているのは

お米です。20年ほど前に山形県の農家の方と直接契約を結んで、「今年は60kgください」といったふうに買わせてもらっています。

私が実際に田んぼまでうかがって、無農薬の合鴨農法を実践している様子を見させていただき、「ここのお米をずっと食べていきたい」と思えたお米です。農家の方の年間販売計画の一部をいただくことになるので〝買う責任〟も生まれます。買ったからには無駄なく食べきりたいと、料理を工夫するようにもなりました。

あれこれと食べ比べするのもいいけれど、「うちのお米はここ」と決めると安心できるのです。無農薬だから自宅で精米したあとの糠《ぬか》も使えます。この新鮮な糠を使って、糠漬けづくりを楽しむのもわが家の日常になりました。

そうそう、この自家製糠漬け。おいしいのは確かなのですが、私は誰にでもおすすめすることはしません。

生活リズムや性格によって、糠漬けづくりが合う人と合わない人がいると思うからです。「5回挑戦して5回とも失敗しちゃった」と気まずそうにしていた知人には、「それはきっと向かないってことだから、無理にがんばらなくてもいいんじゃないかな」と伝えました。

精米したときにできる糠も
無駄にならない。
長期に家を空けるときは、
塩でフタをして
出かけている。

自分に合わないことを始めて失敗をくり返すのは、精神衛生上もよくないですし、ものにとっても気の毒だと思うからです。

私にも不向きのものがあって、たとえばガーデニング。私の作品のイメージからか、うちには花や緑がたくさん植えられていると思っていらっしゃる方も少なくないようです。でも、ベランダには鉢ひとつ置いていません。旅で長期間家を空けることも多く、せっかく家に呼んでも枯らしてしまってはかわいそうなので、「花や緑は育てない」と決めています。

季節の彩りを楽しみたいときは、玄関から入ってすぐの壁にかけた一輪ざしに切り花をひとつかふたつ。たまに花束をプレゼントされたらパパッと部屋の一角に飾る。それくらいが私にはちょうどいいみたいです。

責任を持って受け入れる、という意味で、ここ最近でいちばん大きな選択だったのは「犬」かもしれません。

長らく夫婦ふたりで暮らしてきた生活の中で、新たな家族の一員として犬を受け入れることは、自信を持って決断できるまで1年近くの時間がかかりました。生き物ですからより慎重に考えます。

決断にいたるまで何をしていたかというと、実際に犬と暮らす生活を体験する「試し飼い」でした。

私たちが犬に興味を持っていることを知った近所の鍼《はり》の先生が、「だったら、うちのコロを週に1回派遣しようか？」と提案してくださったのです。犬と暮らす生活の実態はやってみないとわからない、だから試してみたら？　と。今になって思うと、大切な愛犬を貸してくださるなんて本当にありがたいお話です。私たちはご厚意に甘えてお願いすることにしました。

犬を迎えることで生まれる生活リズムの変化、食事や就寝中の様子、考えられる心配ごとや必要な道具など、具体的に知ることができ、はじめはおっかなびっくりだった私たちも試し飼い経験を重ねるうちに、「うん、何とかやっていけそう」と思えるようになりました。

そこで、ビション・フリーゼという犬種の子犬（メス、ゆりねと命名）を迎えたのが1年前の秋。今ではすっかりふたりと1匹の生活が定着しました。

初めて犬を飼う人でも、気持ちにゆとりを持って新しい家族を迎えられる「試し飼い」の仕組み。なかなかいいなぁと思って、周りにもすすめています。

生後3ヵ月のころ。

ぬいぐるみと
区別がつかなかった
ゆりね。
だんだん心と体が
たくましくなっていく。

上の写真は近所で
飼育されている豚。
いつも散歩で訪れる場所。
散歩中、ボランティアで
イングリッシュガーデンの
世話をしている
ご婦人から、
思いがけない花束の
おすそ分けをいただく。

chapter 1

6
「鍋ひとつで何でもできる」自分になると決める

ここに、雪平鍋がひとつ。

お店でたまたま見つけて買ったものですが、注ぎ口が大きめで持ち手も握りやすく、もう何年も使っています。この雪平鍋があれば、「炒める」「煮る」「味噌汁をつくる」など、たいていの調理はこと足りる万能選手です。いざとなれば、「揚げる」「炊く」もやってのけるでしょう。

モンゴルで遊牧民の暮らしに触れる経験をしてからというもの（くわしくは104ページで）、「鍋ひとつで何でもできる」自分になりたいという思いが増しました。

「鍋」とひとくちにいっても、スーパーや量販店の鍋売り場には、多種多様な鍋が並んでいます。新聞にも、「これは便利！　○○専用鍋」という広告見出し。著名な料理研究家の方が監修したという鍋もテレビ通販などで人気です。

用途別に開発された各種の鍋をそろえる楽しみもあるのかもしれませんが、私が素敵だなと感じるのは、たったひとつの鍋をいろいろな用途で〝使いこなす〟知恵や工夫を身につけている人。そのほうが収納スペースも少しで済みます。鍋ってけっこう場所をとりますしね。

調味料だってそう。スーパーに行くたびに驚くのは、売り場でかなりの面積を占めている合わせ調味料の多さ。「○○風五目炒め用ソース」「○○と○○の味噌炒め用たれ」など、献立名のついた合わせ調味料がところ狭しと並んでいます。

もともとこうした出来合いは苦手ですし、献立ごとに調味料の瓶を増やしていったら、冷蔵庫はすぐに満杯になりそう。そして使いきれなくて賞味期限となると、もったいない。

できるだけものをふやしたくない私は、手持ちの定番調味料をフル活用して、シンプルな味つけを心がけています。その定番調味料とは、だいたいこの6つです。

・酢　まろやかで深みのある酸味の村山造酢さんの「千鳥酢」。
・酒　「純米料理酒」。澤田酒造さんのもの。

毎日の味つけは
だいたいこの6つで完成。
右から、味噌、本みりん、だしつゆ、
醤油、酒、酢。
柑橘の風味が欲しいときは
「ゆず搾り」が加わることも。
鰹節や昆布などだしになる材料は
築地まで買いに行く。

若宮みそに出合ってから、
お味噌汁がますます好きに。
香りがよくあきないことが、
味噌の条件。

酢、塩、砂糖、醤油。
適当な割合で漬けたのに、
思いのほかおいしくできた
今年のらっきょう。

・醤油（こいくち）　能登半島で伝統的製造法を守って醤油づくりをしている、鳥居醤油店の鳥居正子さんによる「杉桶天然仕込醤油」。
・だしつゆ　同じく鳥居正子さんがつくる淡口醤油に、みりんや鰹節、昆布、椎茸、砂糖、塩を入れたもの。何にでも合う万能の調味料になります。
・本みりん　白扇酒造さんの「三年熟成本みりん」。
・味噌　無駄なものがいっさい入っていない麹味噌、赤塚商店さんの「若宮みそ」。

これに加えて、だしを引くための鰹節と昆布、干し椎茸も欠かせません。たとえば、だしつゆ1に対して、鰹節と昆布で引いた和だし5の割合で混ぜると、釜揚げうどん用のおいしいつけ汁ができあがります。調味料が決まっていると、「間違いなくおいしくできる」と信じられるから料理に迷いがなくなります。

調味料は毎日使うものなので、経済的な一升瓶で買い、使いやすいサイズの容器に移して使い、切らすことはありません。「味つけは何とかなる」。そう思える味方が常に控えているとなれば、今日も堂々とキッチンに立とうと心強くなるものです。

chapter 1

7

収納は「隙間をたっぷりつくる」を原則とする

コップに水を注ぐとします。

ちょっと少ないくらいの量でとどめておくと、もう一度水を注《つ》ぎ足してもこぼれることはありません。でも、はじめに水をコップの縁ギリギリまでたっぷりと注いでいたとしたら、新しい水を加えたとたん、あふれてしまいますよね。

同じようなことが、住まい、そして私たちの生活にもいえるのではないでしょうか。容量いっぱいに詰め込むのではなくて、新しいものを受け入れられるゆとりをつくっておく。

だから、わが家の棚類はちょっとスカスカに感じるくらい、ものをあまり置いていません。スペースの中でものが占有する率にして、5~7割くらいでしょうか。

私にとってはこの量が当たり前になっているのですが、「小川さんの食器棚は空気がいっぱいですね……！」と驚かれたりして、あらためて「うちってやっぱりものが少ないのね」と自覚したことも。

「収納上手」というと、狭い隙間も活用しながら小さなスペースにできるだけものを入れるようなニュアンスで語られることがあるかもしれませんが、私にとっては「隙間をたっぷり」のほうが使いやすいのです。

食器を高く積まないでおくと奥に置いたお皿を取り出しやすいし、まだ置けるスペースがあれば、新たに気に入ったものに出合ったときに迷わずうちに呼び込めます。本来置くはずではない場所や、目につく場所に置かなくてもすみます。

常に新しいものを受け入れられるゆとりをつくること。これを意識することで、ゴチャゴチャとものがあふれた生活を避けられるのです。とはいえ日本の住宅事情で、スペースにゆとりをつくるにはテクニックが必要。まずは、ものを気軽に家に入れないという意識を持つことです。

海外と比較して、日本の町の風景というのは「歩くだけでものが買いたくなる」仕掛けに満ちています。新商品の広告や賑やかなキャンペーンイベントなど、目から耳から情報が入ってきます。そのため、衝動買いは原則しないことを肝に銘じ、そのときの気分だけでものを買ったりしないように気をつけています。

危険なのは夜中のネットショッピング。脳が疲れている時間帯は、ショッピングの誘惑に負けやすいことがわかっているので、通販の画面は見ないようにしています。ところがそんな私の努力をよそに、夫が気軽に、いかにもすぐ使わなくなりそうなグッズを買っていたりすると、ムッとすることもありますが……。

もうひとつ、私が〝ゆとりづくり〟のために積極的に取り入れているのが、「入れ子」になる食器や調理道具です。

たとえばボウルなど、大中小と使い分けたいときは、同じ種類でサイズ違いを購入すれば、大サイズの内側に中サイズ、中サイズの内側に小サイズと収納でき、省スペースに。食器を買うときも気に入ったもののサイズ違いがあれば一緒に買って、重ねて収納します。

こうやってできるだけものの置き場所をスリム化するよう努めると、キッチンのシンク周りや調理スペースが、スッキリとした状態を保てます。

毎日の生活で使う場所だからこそ、そこに立つたびにすがすがしい気持ちになれる環境にはこだわりたい。そう思っています。

ものを減らす
〝引き算〟のコツは、
「新しいものを
受け入れるために
スペースをつくる」と
考える。

お椀、ホーロー鍋、ざる、
薄はりのグラスは、
どれも入れ子になっている。

chapter 1

8

心地いい暮らしのためには「不便」「不快」に敏感になる

パチパチパチ、シュワシュワシュワ……。

揚げものをしているときの音は、食欲をかきたてます。私と夫の食卓によく登場する天ぷらや野菜の素揚げ。大好きなのですが、長年の悩みは、揚げものを楽しんだあとの油の処理でした。

まだ使える油を保存するオイルポットを使っていましたが、鍋から油を移すときにうっかりこぼしてしまったり、こぼさなくてもなぜかポットの表面がベタベタとしたり。うーん、どうにかならぬものか、と頭を悩ませてきました。そして、絶対に何とかしたいと執着してきました。

心地いい暮らしを求めるには、「不便」や「不快」に対して敏感であることが大事な気がします。日々使う生活道具について、「ちょっと使いにくいな」とか「ここが嫌だな」と小さなストレスを感じることがあれば、心に留めるようにしています。

出先でめずらしい
天ぷらをいただくと、
家でもすぐ
まねしようと思うのは、
この使い勝手がいい
道具があるから。

「こんなものだ」と妥協して、小さなストレスを我慢し続けることが嫌なのです。徹底的に〝最善〟を求めたいからです。

揚げ油問題については、数年前についに解決策を見つけました。

それは、オイルポットを使わない、という方法です。

解決の糸口になったのは、鉄製のフタつき鍋との出合いでした。もとは、ご飯を炊くのによさそうと思って買ったのです。けれど、炊けるご飯のおいしさはやっぱり文化鍋にはかないませんでした。

しばらく出待ち状態だったのですが、あるときふとひらめいたのです。鉄製だから揚げものにも十分に耐えられて、深さも大きさもちょうどいい。もしかしてこれは、いかにも揚げもの用に最適なのではないかと。

「この鍋に油を入れっぱなしにしちゃえばいいんじゃない？」

油を入れて揚げものをしたあと、熱が冷めたらフタをしてそのまま収納。「油を移す」という行為が不要なので周りが汚れる心配もなく、鉄鍋は保存するのに油を塗っておくとよく、一石二鳥です。何度か野菜の天ぷらを揚げて、油が古くなったら最後にお肉を揚げ、あとは着なくなった肌着などに吸わせて処分します。揚げものをするうえでの唯一のストレスが解消されたので、気軽に揚げものができるようになり、献立のバリエーションも増えました。

〝楽〟にこだわるために、ストレスに敏感になる。これって暮らしの質を向上させるためには、きっと大事なポイントなのですね。

最近、バージョンアップしたのは熱したフライパンや鉄瓶をつかむためのミトン。これまで、実用的ながら無骨な見た目のものを使っていました。ちまたで売られているミトンは見た目は素敵でも、「熱を通さない」という肝心の機能を欠くものばかりだったので。

でも、ついに出合えました。これは普通の毛糸の手袋です。でも私は、鍋つかみとして愛用することにしました。見た目も好みですし、二重構造になっているのでしっかりと熱から手を守ってくれる優秀なキッチンミトンとして活躍してくれます。

素朴で色鮮やかな編み込み模様がかわいらしいこのミトンは、絵本の仕事のご縁でたまたま知ることになったラトビアの伝統工芸品です。ラトビアはバルト三国の一国で、海に臨む森の国。遠い国の美しい風景に想いを馳せながら、鉄瓶のお湯を注ぐ。そんなひとときには、とても豊かな気持ちを味わえます。

北欧のラトビアは
マイナス20℃くらいまで
気温が下がるときもある。
そんなとき、
熱いものにも平気な
このミトンが、冷たい外気を
防いでいるのだろう。

chapter 1

9

人生の質を上げるものとの出合いには、時間をかけてもいい

あぁ、これでやっと決まった。

ついにそのときを迎えた日は、安堵に似たような気持ちと幸福感で心がいっぱいに満たされました。

「そのとき」というのは、「わが家の味噌」が決まったときです。定番の調味料ラインナップの中で、最後まで定番が確定していなかったのがお味噌でした。

かれこれ20年以上、評判のいい味噌を試したり、地方の特産品売り場を覗《のぞ》いたりと、試行錯誤を重ねてきました。

下高井戸にあった味噌専門店は、いろいろなおいしい味噌との出合いをつくってくれましたけれど、やがてその店も閉店してしまい、困り果てていたのです。

運命の出合いは、思わぬところからやってきました。2014年の夏に訪れたフランスで、シェフとしてパリで活躍する日本人の知人と食事をしていたら、彼が「ここの味噌がおいしいですよ」とおすすめの品を教えてくれたのです。

その味噌というのが前でもご紹介した福岡県宮若市にある赤塚商店でつくられている「若宮みそ」。

裏の表示を見ると、「原材料名　米、大豆、食塩」とキッパリと書いてあるその潔さ。大豆よりも麹の量を多くしてつくる昔ながらの「麹味噌」です。

この味噌の魅力をひと言でいうと、「一生飽きないと思える味」でしょうか。

毎日毎日、この味噌でつくった味噌汁を飲んでも、おいしくいただけそう。そんな「飽きない味」を見つけるのって、実はいちばん難しくて、贅沢なことなのかもしれません。

口に入れただけで舌がびっくりするような新鮮な味も楽しいけれど、味わうたびに「おいしい」と思えるふだんの味。私はふだんの味のほうを大事にしたいと思います。

そして、時間をかけて見つけることを楽しんでいきたい。

今は情報があふれていて、誰かのおすすめ商品から〝逸品〟を身の周りに集めることは簡単な時代です。

「これ、欲しい」と思ったら、インターネットで検索して、クリックひとつで購入でき、早ければその日のうちに手に入れることだってできるでしょう。

でも、手に入れる時間を短縮することはそれほど大事な条件かな？　と私は疑問に思います。

自分の足で探し、目で見て、手にとって、実際に使って。これでもない、あれでもないと回り道をして、やっと「これぞ」と思えるものに出合えたときの達成感は格別です。

奮発したのに違った、という失敗だって当然あります。私も何度やってきたことか。でも、その失敗だって、よりいいものに出合うために必要だった経験なのだし、それはそれで愛しく思えるものなのです。

そうやって時間をかけてやっと手に入れたものには、もう絶対に手放したくないと思えるほどの愛着を持って向き合えます。

出合うまでのストーリーがある愛用品が少しずつ増えていくことが、年齢を重ねる楽しみなのだとも思います。

決して高価では
ないからなおさら、
毎日満足できる味と
めぐり合えたことが
とても贅沢に感じる。

味噌を取り寄せている
同じ店から買っている「麹」は、
水で溶いて沸騰させずに
何度か熱を加えると
極上の甘酒になる。
体がちょっと疲れたときに。

シンプルなのにデスク面に
筆記具入れが内蔵されていたりと、
愛着を感じる工夫が
施されている。
このデスクに合わせて、
壁に資料を置く棚を取り付けた。

年齢を重ねたからこそ、手に入れられるものもあります。

私の場合は、京都の俵屋旅館さんで使われている家具を揃える「ギャラリー遊形」で購入したライティングデスクがそれでした。

小説を書くという仕事柄、執筆に使うデスクにはこだわりたいという気持ちがありました。俵屋さんのデスクはずっと欲しいと思いながら、決して気軽に買えるお値段ではなかったので、思いきるまでの時間もかかり、憧れの期間を長く費やしたもの。大人といえる年齢になってようやく買うことができました。

時間を重ねるほどに好きなものを手に入れることができるって、素敵なことですよね。私が年をとることに対していつも前向きでいられるのは、その楽しみを知っているからなのかもしれません。

chapter 1

10

大切なものは大切な人に贈れば、より幸せに手放せる

今でこそ、ものをあまり増やさないようにしている私ですが、20代のころはたくさんのものに囲まれて暮らしていました。

物欲に従順で、雑誌に載っている話題の商品があったら迷わず買っていたので、持ちものの数は今の倍、いや3倍以上はあったと思います。

価値観が変わってきたのは、年上の素敵な友達が増えてきたころからでしょうか。人生経験豊富なその先輩たちが、「いいものを長く使う醍醐味」を語ったり、その言葉どおりの行動をしたりする姿に触れて、自分もそうありたいと思うようになりました。

とはいえ、一度増やしたものを手放すのには労力がいります。音楽業界にいる夫の仕事の関係でお客様も絶えなかったわが家には、数を揃えた食器のセットや椅子が多かったんですね。

ただ今、嫁入り先を
探している
鳥のオブジェ

ものを減らすきっかけになったのは「引っ越し」でした。6年ほど前に今のマンションに引っ越したときに、もう使わなくなったものやそれほど気に入っていなかったものを、かなり処分しました。総量にして、ものの数は半分くらいになったと思います。

処分しながら、「これからは厳選してものを買おう」と反省の気持ちも生まれました。

食器もずいぶん減らしたつもりで新しい住まいに移りましたが、食器棚の取り付けを待つ数日のあいだ、食事のたびにダンボール箱から取り出して使った食器は本当にわずかなものでした。さらに減らせると気づき、また整理をしました。

その時点である程度は絞られましたが、生活をする中で、好んで使うものやあまり使わなくなるものの実情は日々変化していきます。厳選して家にものを持ち込むようになり、ものが極端に増えることはなくなった今でも、残念ながら手放すものは頻繁に生まれます。

それらの行き先は、もっぱら「人」です。一定期間使わなかったものは知り合いに譲って手放すようにしています。

服であれば丸一年着なかったものは、素敵に着こなしてくださりそうな方に差し上げたりして。処分の方法としてリサイクルショップなどもありますが、私はできるだけ直接知っている方にお渡ししたいと思っています。

大切にしていたものですから、より大切に使っていただけそうな方に。このあいだは、10年以上前にコレクションしていた綺麗な文様の色留め袖と黒留め袖を外国人の友人に差し上げて、とても喜んでいただけました。そんなふうに喜んでもらえると、私もうれしくなりますし、きっとものもうれしいはず。

「もったいない」と惜しむ気持ちは生まれません。わが家の戸棚の奥のほうで眠っているより、もっと大事にしてもらえる持ち主に可愛がっていただけていると思えるほうが安心できます。

もののやりとりを通じて、受け取ってくださった方との関係性が深まることもうれしいですね。久しぶりに会う約束をするきっかけにもなります。

手放す気持ちになったものを前に、「これを譲っていちばん喜んでくださる方は誰かな？」と考えるのも楽しい時間になっています。

chapter 1

11

「見立て」の心で、ものを生まれ変わらせる

ものはそのほとんどが、それが何に使われるものなのか、用途が決まっていますよね。コーヒーポットは淹《い》れたてのコーヒーを受けるため、花瓶は花を活けるためというふうに。でも、私は決められた用途以外の用途を発見するのが好きで、人よりちょっと得意なほうみたいです。

千利休は漁夫が腰につけていた魚を入れるための籠や、何とはない竹の筒を〝花入れ〟として見いだし、新たな息吹を与えたそうです。私はそういった「見立て」の心を学びたいと、いつも考えてきました。

買い物中にどこか惹かれるものに出合ったとき、あるいは家の中の不用品を整理しているとき。「これを上手に使える方法はないかな?」と考えを巡らすのは心躍るもの。そして、ぴった

りの役割を思いついたときには、ちょっと誇らしい気持ちにさえなったりして。

うちにあるもので例を挙げるとすれば、前で述べた揚げものに使う鉄鍋もそうでした。同じように気に入って毎日使っているのは、コーヒーを淹れるときにコーヒーポットとして使っているグラス。高さは15センチほどで、上にいくほど口が広がるデザイン。たしかワインピッチャーとして売られていたと記憶しています。

本来の目的どおりに使ったり、花を活けたりと使っていましたが、あるとき、このグラスの口が、コーヒーネルの金具のサイズとぴったり合うことに気づいたのでした。

ちょうど使いやすいコーヒーポットを探していたころだったので、「これで十分」と使い道が決定。デザインとしてあしらわれた数センチ刻みのラインが、コーヒーを淹れる量の目安になったりと、なかなか実用的なのです。

こうやって決められた用途の枠を超えて、自由に発想していく作業はなんだかワクワクしますし、柔軟な頭が鍛えられそうです。もっといえば、「生き方」にさえ影響するかもしれないなと思います。既成概念を取り払って、自分が満足できる方法をゼロから考えることって、どんな場所でも生きていくためにとても大切なことだと思うから。

「どこで買ったの」と
聞かれるたび、
ちょっと自己満足。
これ以外ない
という存在になって、
ずっと一緒に暮らしたい
ものになった。

私の「見立て」の例はまだまだあります。キッチンの壁にふきんと並んでかかっているランチョンマットを入れている籠（9ページと次ページの真ん中の写真）。これはもともとは、バッグとして売られていたもの。風合いが好みで買ったのですが、バッグとしてはマチの幅が狭くちょっと不便を感じていました。そこで、取っ手の片方を切ってしまい、ランチョンマット入れとして活躍してもらうことに。サイズもピッタリで、軽いので出し入れもしやすく、もっと愛せる道具になりました。

ちょっと見渡すだけでも、うちの道具には「見立て」でよみがえったものがいくつも見つかります。日本酒を燗につけるための道具チロリは小さめのスプーン立てに。菜箸やふだん使っているお箸を立てている容器は、もとは水差しでしたっけ（次ページの写真）。写真で紹介はしていませんが、大きめのワインクーラーは傘立てになっています。

ものは使ってこそ生きるものだから、いつも「ベストな使い方」を考えます。きっと、ものも喜んでくれているんじゃないかな？　と勝手に想像しています。

何より、自分だけのオリジナルの使い方を考えて実践することが、生活の中のささやかな楽しみになっているのです。

用途どおりに使わない
というわけではないけれど、
見立てで新しい役割を与えると
意外性という
うれしいおまけがついてくる。

chapter 1

12

直して使いきる幸せなものづきあい

気に入ったものとは、できるだけ長い時間を一緒に過ごしていきたい。

そう思うから、ものが壊れたときには修理ができるものは修理して長く使うようにしています。買うときも、「壊れたら直してもらえるか」という点は必ず確認します。

今は安くなんでも手に入る時代ですから、「壊れたらすぐに捨てて、新しいものをどんどん買えばいい」という考え方がどちらかといえば主流かもしれません。

でも、私はそうはしたくありません。常に、ものが入れ替わって流れていく生活はむなしいと思うのです。

30代の知人が「家にはたくさんものがあるけれど、一生大事にしたいものはそれほどないと最近気づいた」といっていました。

本来、ものとのつきあいは人生を豊かにするためにあるのではないでしょうか。直感的に、私自身も30歳を過ぎたころから、だんだんと「長い目でものとつきあう」意識を持つようになりました。

とはいえ「直す」のにもお金がかかり、なかにはそのものの値段よりも高くつく場合だってあります。単純に比較すれば、買ったほうが安いという結論になるでしょう。でも、私が大切にしたいのは、そのものとともにする「歴史」です。

切れたり、穴があいたり、動かなくなったり。壊れてしまった時間も含めて受け入れ、修理のあいだは待つ時間も楽しんで、そしてまた暮らしを一緒に紡いでいく。そういう歴史をくり返してきたものは、道具というより相棒、死ぬまで人生をともにしたい唯一無二の存在になります。

散歩などふだん歩きのお供、「ビルケンシュトック」の靴もそう。ものを大切にするドイツの文化と技術が息づいている靴です。

履くたびに足になじんでいくのが好きで、中敷きなどを直しながら、10年近く履いています。履き続けていくにつれ、まるで自分の足の一部のようにフィットしていくところがとても気に入っています。時間をかけて、自分の体の一部にしていっているような、そんな靴です。

洋服も直しながら長く着るようにしています。

愛用している「ミナ ペルホネン」のカーディガンは、薄くて肌触りがよいので夏になると毎日のように着ていたのですが、とうとう袖口に穴があいてしまいました。迷わず修理をお願いし、3ヵ月ほど待ち、最近ちょうど帰ってきてくれました。

「おかえりなさい。またよろしくお願いします」

と肌になじんだお気に入りの服を迎えて、再び袖を通すことができたときには、なんとも幸せな気分になりました。

食器も然り。今うちにある食器の中でいちばん気に入っている器は、ちょっとこだわりの直し方をしました。

両手を添えてしっくりなじむ大きさの器は京都の骨董店で出合い、一目ぼれしたもの。韓国から渡った李朝時代の古い器だと聞きました。縁に欠けがあったからか、お値段は2000円程度でした。

私は買って帰ってから、すぐに職人さんを探し、欠けた部分に金継ぎをお願いしました。時間もお値段もかかりましたが、戻った器がまとっていた凜とした空気に、ハッと背筋が伸びる思いがしました。長い歴史を受け継ぎ、未来へと渡していく。その責任を引き受けたことをあらためて感じたのです。

私と「もの」。一対一の関係性で紡がれてきた歴史は、ほかのものにはない、この世でただひとつのストーリー。だから、ますます愛着が増していきます。変な表現ですが、買った瞬間からいつか直すことを楽しみにしているくらい。

40代を迎えてからの私の生活が、以前より楽しくなっているのは、年齢を重ねるにつれ、そんな〝愛着品〟が増えてきているからでしょうね。そして、いくつもの愛着品との関係性はこれからも続き、残りの人生を添いとげることになるでしょう。

暮らしを重ねるほどに、余分なものは削ぎ落として、代わりに愛着品が増えていく。これからの人生もそんなスタイルを大切にしていきたいと思います。

袖口を修理した
カーディガンと
旅にも履いていく
ビルケンシュトックの靴。
何度も直して、
これからも直して
おつきあいしたい。
そうした関係は
自分の成熟にも
つながるはず。

金継ぎした古い器。
日常的に使わないものは
持たない主義。
直してさらに愛着がわき
大切なものになっていく。

第2章

「五感」を喜ばせる7つの秘訣

光、音、肌触り……。日々の暮らしの中でこだわるのは「五感」が喜ぶような環境づくり。シンプルに自分の感覚を尊重する。当然、衣食住もより自分らしく磨かれていきます。とともに、感性を大切にすると心地よさが上がり、心身が整います。

chapter 2

1

私を日々リセットしてくれる銭湯通いの習慣

私の一日の過ごし方はだいたい決まっています。

平日は夜明けとともに起き出して、お湯をわかしてお茶を淹れて。それから文字どおりの〝朝飯前〟に小説を書いて午前中を仕事に費やします。

仕事がいち段落したら、朝ご飯当番の夫がつくる麺類（ほぼ毎日麺です）をいただいて午後の活動へ。ゆっくりと本を読んだり、買い物をしたり、料理をしたり、片づけや道具のお手入れをしたりするのがいつもの流れです。

そして日が傾いてきたら、愛用の手ぬぐいを持って銭湯へ。この「銭湯通い」が私にとっては大切なリセットの時間になっています。

小説を書くというのは体力も気力もいる仕事で、何ヵ月も、ときには数年単位で時間をかけて

体を拭くのにも
十分な長さの
愛称「長手ぬぐい」は、
伊勢木綿製品をつくっている
「sou・sou」の「くびまき」。
石鹸は俵屋旅館製の
愛用品を
銭湯に置いている。

やっとひとつの作品ができあがるという地道な作業です。

書きながら日々いろいろなことが頭の中を巡るわけですが、「一日1回、決まった時間に銭湯に行く」という習慣を持っていることで、どれだけ救われているか。

というと大げさかもしれませんが、私にとって銭湯は今日から明日へとジャンプする「縄跳び」みたいなものなのです。

行き先は家から歩いて30分ほどのごく平凡なスーパー銭湯。とはいえ、露天風呂もあって、心地いい外気に触れながらお湯に浸かっていると、ふーっと呼吸が深くなり、自然と解放されていきます。仰げば、星が出始めた夕暮れの空。美しい風景を観る貴重な時間にもなっています。

そして、何といっても、大きなお風呂に入るのは気持ちがいい！

銭湯では誰でも裸になりますが、私も「小川糸」という服を脱いで、素の自分に戻ります。そうして「一日の終わり」を感じられるのです。

片道30分という距離も絶妙で、歩きながら頭の中のモヤモヤが整理されたり、小説の展開を思いついたりすることも。

大雨や台風の日はさすがに我慢しますが、よほどのことがない限り、銭湯には行くと決めています。億劫に感じる気分のときもなくはないけれど、行ってみると「やっぱり来てよかった」と思えて、いつのまにか気持ちも前向きに変わっているのだから不思議です。〝習慣〟には、ふさぎかけた気分を回復してくれる力があるのだなぁと実感しています。

私の場合は銭湯ですが、毎日夕方に銭湯に通える人なんて、間違いなく少数派ですよね。何でもいいと思います。朝起きてすぐに好きなお茶を飲む。寝る前に5分間だけストレッチをする。ちょっとしたことでいいから、できれば決まった時刻に何か習慣をつくることができたら、毎日心をリセットする感覚を味わえるのではないでしょうか。

今日という一日を終えて、また明日の自分をスタートさせる。そんな新鮮な気持ちを維持するために、今日も私は銭湯へ行ってきます。

chapter 2

2

洋服から食器まで何でも軽く、とにかく軽く

心地よさを追求すると重さも気になります。ですから、選ぶのは何でも「軽いもの」。身軽でいると、心も当然軽くなります。遊牧民のようにいつでもどこでも暮らせるスタイルに憧れる私にとっては、生活道具を選ぶうえで「軽さ」は、かなり優先順位の高い条件なのです。

麻やカシミヤの服についてはすでにお話ししたとおり、肌の延長にあるような軽やかな感触である点が気に入っています。

一日の中で何度も持ち運びをする「食器」も、気づけば軽い木の素材のものが多くなりました。器がそろっているギャラリーで買い物をするときには、必ず手にとって重さを確かめています。

陶器やガラス製だと私がつい割ってしまうからという理由で、木のものを選ぶようになったの

木製でも傷がつきにくいよう
コーティングされて
いたりする。
傷がついたとしても
それで味が出たりするのも
木製のよさ。

ですが、その軽さから離れられなくなりました。

実際の感覚として「重い」と感じるものは、何となく「滞っている」とか「身動きがとりづらい」というイメージにつながって敬遠してしまいます。

ふだんの持ち物も重さを感じるものは極力持ちません。ご近所に出かけるときの手荷物は、ハンカチとティッシュにリップクリーム、小銭が入るお財布と小さな時計くらい。これを肩掛けできる小さなバッグに入れて出かけています。

両手にいっぱいの荷物を持っていると、重くて長く歩く気が失せますが、身軽でいれば、周りを見渡す余裕も生まれる気がしますし、可愛らしい野花を見つけたときに摘むことだってできますからね。

軽いものは「持ち運びができる」という利点も。仮に突然住まいを変えなければならなくなったときでも、持ち物が軽ければ移動が楽に早くできるでしょう。長旅にお気に入りのものを持っていくこともできます。「軽い生活」は私のテーマです。

バッグには、
ハンカチ、ティッシュ、
財布、時計、
リップクリームだけ。

chapter 2

3

冷蔵庫の音退治から始まった快適リフォーム計画

2年ほど前、住まいをリフォームしました。特に間取りが気に入らない、部屋数が必要になったというようなわけではありません。どうしても気になっていたことがあったからです。それは、冷蔵庫の「音」。

私には、あの「ウィ――――ン」というわずかに聞こえてくる低音が、不快に感じられて仕方なかったのです。特に執筆中は集中できなくなるので、コンセントを抜いたり、窓を開けてみたりとあれこれやってみたうえで、「根本的解決が必要」という結論にいたったのでした。

とはいえ、冷蔵庫のない暮らしにはあこがれますが、今すぐそれを実践することはできません。そこで、「冷蔵庫を閉じ込める」という作戦に出ることにしました。調理スペースとは別に「冷蔵庫部屋」をつくって、モーター音を遮断できる扉を取り付けたのです。

冷蔵庫を収納庫
（写真の右側）
に移動して
キッチンはいっそう
すっきりとした。

冷蔵庫の中の食材を取り出すたびに扉を開閉する面倒は生じますが、音のストレスに比べればまったく気になりません。

そういえば、今のこの住まいも、静かな環境を求めて駅から少し遠い物件をあえて選んだのでした。

音は耳から自然と入ってくるので、無意識のうちに思考や気分に影響を与えるものだという実感があります。音に対する感受性が高いと自覚しているからこそ、暮らしの中の音にはいっそう気を使う。

食事のときなどに音楽を聴くのは大好きですが、同時にふたつのことをするのが難しい性格なので仕事中に流すことはありません。音楽を楽しみたいときは、ゆったりとした気分でその音を楽しみます。

リフォームによって気になっていた音を取り除くことができてから、私の住環境は格段に快適さを増し、集中もリラックスも両方できる空間になりました。

chapter 2

4

部屋の灯りは少なくして太陽とともに暮らす

「冷蔵庫部屋」をつくるという目的でリフォームが決まったついでに、ほかの部屋も少しずつ直すことにし、あれこれと考える中である結論にいたりました。

寝室に天井照明はいらない。

なぜなら、夜のあいだは基本的に横になっているだけ。必要な灯りといえば、手元や足元を照らす程度のものがあれば十分です。朝に太陽が昇るころにはブラインドの隙間から日光が差し込んで、室内は十分に明るくなります。

ということで、潔く天井照明をなくしたのですが、予想どおり、まったく不便はありません。

不便どころか、ブラインドの隙間からわずかに差し込む光だけで心身がより休まるようになりました。ついでにリビングも大きな天井照明はやめて、いくつかの埋め込み式のダウンライトに変えることにしました。

あらためて自覚したのは、私は日本の住まいの「明るすぎる住空間」にちょっと疲れていたのだということです。

決して広くはないわが家でも、玄関からリビングへ向かうまでに、つくりつけの照明はいくつもありました。でも、そんなに煌々《こうこう》としていなくたって暮らしていけるのになぁなんて。モンゴルやベルリンでの質素な暮らしを経験したから、特にそう思うのかもしれません。

夜明けとともに起きて、夜は早めに寝るリズムを心がけている私は、できるだけ太陽の光を頼りながら暮らしたいタイプなのですね。結果として、そのほうが無駄な電力を使わずにエコにつながりますし、人間の本来の生体リズムにも合っていると思うからです。

そんな「脱・天井照明」な私ですが、日が暮れたあとに本が読みたいときもあるので、手元を照らすブックライトを求めました。建築家でもあるデザイナーがつくったというまさしく〝ブック型〟のブックライト。なかなか素敵なデザインで、ろうそくの代わりにもなり、持ち運びもできるので寝室以外でも使えて重宝しています。

本の形をした
LED照明「Lumiosf」は
360度仕様。
壁にかけることができたり、
USBケーブル充電式で
屋外でも使える。

chapter 2
5
テレビやネットの情報を引き算し、五感をくたびれさせない

自宅で仕事をする私にとって、長く過ごす家の環境をどう整えていくかというのはとても大きな問題です。

リビングは、「仕事部屋」兼「くつろぎの部屋」兼「家族や友人と食事を楽しむ部屋」。これらの用途を考えて、うちのリビングにはテレビを置かないことにしました。

テレビを毛嫌いしているというわけではありません。むしろ、ほどよく楽しんでいます。けれど、仕事や食事のときに必要なものではないのよね、と思っていました。だから、家の中のひとつの部屋を「テレビ部屋」にすることにしたのです。

なんていうとまるで部屋数が多い豪邸みたいですが、夫婦と1匹で暮らす2LDKのうちリビングダイニングと寝室以外の一室をあてがっただけ。家の中にある服や家財道具が少ないために

物置用の部屋は必要とならず、代わりにテレビ部屋にと用途を決めたのです。

テレビは音声と映像で絶えず魅力的な情報を発信するメディア。電源を入れるだけで、視覚も聴覚も一気に吸い寄せられてしまいます。なので、上手に〝引き算〟する工夫が必要だと思いました。

空間を区切ることで、「さあ、これからテレビを観よう」とかえって存分に楽しめるようになった気がします。テレビの代わりにリビングの壁を彩っているのは、控えめな色彩の絵画や写真集のカバー。音が欲しくなったら、音楽を流します。

このくらいの環境が、私にとっては心地いいバランスが保てるのです。

インプットする情報が多過ぎると五感はくたびれて、感受性も弱くなってしまうのではないでしょうか。テレビやインターネットのように、つい時間を忘れて没頭してしまうようなものは特に上手につきあう知恵が必要ですね。

暮らしの中で、とりわけ時間を費やすものや没頭しやすいものがあるとしたら、それとどのくらいの頻度でつきあっていくのがベストなのか、一度自分自身と相談してみるといいかもしれません。

テレビのないリビング。
仕事場でもあるので
日常生活に
メリハリを持たせる
工夫をしたい。

chapter 2

6

名旅館の寝具を調達して「眠り」の環境を整える

暮らしの中で、私が「食」と並んで大事にしているもの。それは間違いなく「眠り」でしょう。銭湯から帰って夕食を食べたあと、10時台、日によっては9時台に布団に入っています。

寝室は、余計な灯りを入れない環境をつくって（87ページ参照）、敷布団は京都・俵屋旅館で使われているものを手に入れて10年以上使っています。

硬さと柔らかさのバランスがちょうどよかったのですが、さすがに無視できないほどに〝煎餅化〟してきたので、少し前に家を不在にしていた期間を利用して「打ち直し」をお願いしました。どのくらい復活するのか、ちょっと半信半疑ではありましたが、厚さにして3倍ほどになったふっかふかの敷布団が戻ってきたときには飛びあがりたくなるほどうれしくなりました。

寝心地は最高です。毎朝スッキリと、爽快に目覚める気分のよさは格別です。

ただ、正直、買うときはかなり奮発をしました。でも、人生の3分の1以上を布団の上で費やすことを考えれば、私はお金をかけるべきだと思います。

小説家としてスタートを切らせてもらうまで、私は長いトンネルの中にいるような人生を歩んでいました。

物語を書く人になりたい、と思いながらもなかなか作品が採用されず、悔しい思いをする期間が長く続き、「これで最後だ」と思ってすべてを出しきったのが『食堂かたつむり』。ある編集者の目に留まって、そこからさらに2年ほどかけて世に出すことができ、多くの人に読んでいただけました。

そのときに私が強く感じたのは「目立ったことはしなくていい。ただ淡々と長く、小説を書き続けていきたい」という思いでした。

だから、明日も明後日も1年後も10年後も、ずっと書き続けられるよう心と体をメンテナンスしていくことは、私自身との固い約束なのです。執筆中もちょっと根を詰めすぎたなと感じたときには、ゴロンと横になれる昼寝用ベッドに体をあずけます。「疲れたときに休める」というのはとても大事です。

ワークデスク側の
お昼寝スペースには、
風と光を通す
小窓をつけた。

冬場に重宝な
チェリーストーンピロー。
ベルギーで
チェリーブランデーを
つくる際に、
大量に出る種を
利用したのは
その工場で
働く人々だったとか。

日本の企業の中にも、就業中の仮眠を認めたり、環境を整えたりするところが少しずつ出てきているようですが、もっと浸透すればいいいと思います。いい仕事のためには、いい休養が必要なはずですから。

銭湯の効果もあって夜は比較的スムーズに寝つくほうですが、冬場に体が冷えて入眠しづらいときに頼りにしているのが、チェリーピローです。

通っていたフットケアサロンで売られていたベルギー製の「チェリーストーンピロー」。赤い厚手の布袋の中に、さくらんぼの種がぎっしり入っていて、電子レンジで温めるとポカポカと温かさが持続し、湯たんぽがわりに使えます。中の種が動くので体の部位に沿って当てやすく、肩コリ解消にも重宝しているのです。

冷え込む夜には、就寝の30分ほど前に温めたチェリーピローを敷布団と掛け布団のあいだに入れておけば、布団がほかほかに。至福の眠りが得られます。

質のよい眠りは五感を休ませ、感覚を研ぎ澄ますために欠かせないもの。いいものに触れたときの喜びや、新しい発想を得るためのベースとして、私はこれからも「眠り」にこだわっていくでしょう。

chapter 2

7

「一流」を鵜呑みにせず目利きの力を磨く

「感覚」というのは、持って生まれる部分もあるのでしょうが、私は「経験しながら磨く」という部分が大きいと思っています。

だから、できる限り、自分の感覚を育ててくれそうな体験は積極的にしていきたいと心がけてきました。質のいいものに触れておくと、もののよしあしを判断する〝基準〟のようなものが持てるようになると思うからです。

そこで、できるだけ〝一流〟といわれるものを選びます。

ベルリン・フィルの演奏を聴きに行く、食通から勧めていただいたお寿司屋さんに行ってみる。ワインの本場で高く評価されているワイナリーがあれば、多少遠くても行って現地でその味を体験してみる。

自分の足で、目で、耳で、舌で。実体験をすることがきっと大事なんだなぁと思います。

そして、「一流」という看板を鵜呑みにしないようにすることも。

実はつい最近、世界の料理界の流れを変えたといわれている有名なレストランに行ってみたのですが、私には理解できませんでした。ユニークな食材の組み合わせは、奇をてらい過ぎて肝心の「おいしさ」が欠けていたからです。

でも「これが世界一」なんてあらかじめ決められてしまうと、誰も「まずい」なんていえなくなってしまうんですね。周りのお客さんの様子を観察しながら、そんな怖さも感じました。

反対に、期待以上のパフォーマンスに感動する出来事も。ベルリン滞在中にイタリアまで足を延ばし、あまりのおいしさに2度も続けて行ってしまったボローニャの山奥にあるトラットリア。澄んだスープの中に小さなパスタを浮かべたトルテリッニが心から気に入ったので、もう一度味わいたくなったのです。

一流に触れ、自分の感覚でその価値を確かめに行く。そして、自分の五感が吸い寄せられるものに出合えたら、なぜ私は感動したのか、その理由を分析してみる。こうした経験の積み重ねで、いいものを見分ける〝目利き〟の感覚を鍛えていきたいと思っています。

アルザスでは
醸造家を訪ねる
ワイナリー
巡りも。

ボローニャの山奥にある
トラットリア。
この店に2度通い、
2度頼んだ料理。
素朴な店内で、
食材も自家栽培
しているそう。

第3章

シンプルで豊かな
モンゴル
自由を愛する
ベルリン

私の「ものづきあい」に大きな変化をもたらしたのが、見知らぬ土地で暮らした経験でした。厳しい自然環境の中で遊牧のため「最小限の暮らし」を極めるモンゴル、そして東西分断の歴史を経て「自由」を感じられる街となったドイツの首都、ベルリン。旅するごとに、暮らしの感度が高まっていきます。

chapter 3

1 モンゴルのゲル生活は究極のシンプリシティ

モンゴルに初めて行ったのは6年ほど前の春のこと。『食堂かたつむり』がベストセラーになり映画化のお話もいただくなど、さまざまな変化が身辺で起き、私はいつのまにか疲れを溜めていました。

「作家とはこうあるべき」という世間的なイメージに、追われているような焦りもあったかもしれません。

そんなとき、取材で、以前から体験してみたかったモンゴルの遊牧民の家庭へのホームステイがかないました。そこでの経験は、私の人生観を変える、忘れられないものになりました。

厳しい環境の中で育《はぐく》まれてきた〝究極のシンプリシティ〟を目の当たりにしたのです。

　私たちを迎えてくれたハヤナーさん夫妻が暮らすのは、広さ半径3メートルほどの大きなテントのような伝統的住居「ゲル」。周辺の草の育ちを見極めながら家畜とともに年に何度も移動するので、夫妻が所有するものの数は最小限です。

　それでも、ゲルの中には、調理する場所、寝る場所、家族が語らう場所など、暮らしの機能がすべて備わっています。天窓で室内に光を取り込み、南側の小窓から差し込む影を時計代わりにして、規則正しく生活のリズムが刻まれていました。

　ベッドとして使っている台にまな板をのせて材料を切り、ストーブの火で手際よく調理をしていくお母さん。中華鍋ひとつで、湯を沸かしたり、炒め物をしたり。よく観察していると、脂が出る料理ほどあとにするといった工夫も見られて、ひとつ

の道具を徹底して使いこなす知恵が根づいていました。

厳しい自然環境で家畜を育てるため、いつでも移動できる身軽さを重視する遊牧民の暮らしですが、生活を楽しむゆとりも感じられました。

ゲルには家族写真が飾られていたり、立派な仏壇が置かれていたりと、質素でありながら豊かな暮らしを実現している。そんな暮らしのスタイルに、私は心の底から感動して、勇気をいただいた気がしたのです。

寒風にさらされ、大切な家畜が死んでしまう現実にも立ち会いました。しかし、それは自然の一部であって、何の弔いもなく、また淡々と暮らしを続けていくほかない。そんな覚悟を持って生活をつなぐ遊牧民の強さを肌で感じました。

短期間のホームステイの数ヵ月後に再訪し、夏に約1ヵ月間過ごしたときは、大変な思いもしました。どういう体の仕組み

になっているのか不思議なのですが、遊牧民は食事をほぼ肉と小麦だけで済ませるため、現地では野菜がまったくといっていいほど食べられないのです。

慣れない私は、滞在の後半に体調を崩してしまいました。肌はボロボロ、顔もやつれ……。もう帰りたいと泣きたくなりました。このときの経験から、長期の旅には必ず野菜や海藻の乾物をトランクに入れるようになりました。

少ないもので暮らしていこうと決意

決して多くのものを持っていない遊牧民の人々の暮らしを間近に見ると、彼らからは揺るぎない自信のようなものを感じます。

それは「どこででも生きていける」という自信。ほんの少しの生活道具と、自分にとって必要な食べ物があれば、何があっても生きていける。そんな実感を持てたら、きっとどんなことがあっても揺るがない自分になれる。

これこそが、これから身につけていきたい「生きる力」――。目指すべき生き方の指針のようなものを得られて、私の気持ちは前向きに変わっていきました。

モンゴルの暮らしを体験してから、私はより少ないもので暮らしていけるよう、生活の方法を見直したり、所有していたものをあらためて選別したりと、「ものづきあい」を変える行動を起こすようになりました。

ものづきあいを通して少しずつ「生きる力」を磨いていくのを実感できると、ほんの少し、遊牧民の生き方に近づけたかもしれないとうれしくなります。

chapter 3

2

ベルリンの人は「いいものを長く使う」が徹底している

私が毎年の夏をベルリンで過ごすようになった理由。暑さが苦手な私にとって、東京よりも過ごしやすいということはもちろんですが、何より、そこに暮らす人々のものや住まいに対する価値観がとても気に入ったからです。

「いいものを長く使う」という考え方が徹底していて、個人の家でもお店でも、本当に生活に必要なものしか置かれていないのです。どこに行ってもものであふれている日本の暮らしに慣れていると、初めはちょっと淋しさを感じるくらい。

さすが古くからものづくりの技術が進んでいた国だけあっ

て、ひとつひとつのものはとても丈夫につくられています。包丁1本、袋1枚でも、質のいいものを買って直しながら使い続けていくことが当たり前になっているので、〝使い捨て〟前提でつくられたものがほとんどありません。

ベルリン滞在中に私がよく買う現地の豆腐屋の、その豆腐を入れるプラスチック容器も、しっかりとしたつくりでデザインのあしらいもあってなかなか素敵です。ほかの用途に再利用しても、お店に返してもよくて、長く使うエコサイクルが社会に根づいています。豆腐を食べるたびに容器を「捨てなくていい」と思えるのは、心にとっても健康的です。

日本ではアクティブな消費者にさせられる

買い物に行った先のスーパーで、ビニール袋をもらったこと

豆腐の容器がしっかりしていると、捨てずに再利用するのが当たり前と思えてくる。

もありません。みんな、エコバッグを持参するのが当たり前。自分で持ってきたバッグに入るだけのものを買う。

そもそも陳列棚に、ぎっしりと商品が詰まっているという光景もあまり見かけず、目新しい新商品が次から次に目に飛び込んでくるということもありません。定番を必要なときに買う。そんな落ち着いた生活感覚に浸って数日暮らすだけで、心がスーッと軽くなっていきます。

そんな気持ちの変化を実感する中であらためて気づいたのは、日本の生活がいかに「消費」に追い立てられているかということでした。

ただ街を歩くだけで新しい商品の情報にいくつも出会い、テレビを観ても、雑誌をめくっても、「新商品情報」であふれています。週末の過ごし方は「どこかに行って、おカネを使う」ことを奨励されているようです。アクティブな消費者であるこ

中古品を扱うお店に並ぶ子ども用自転車。

とが常に求められているかのようなプレッシャーを、知らず知らずのうちに与えられています。

ベルリンではそんなプレッシャーをまったくといっていいほど感じません。むしろ、「おカネを使わず、生活を楽しむ」ことが最大の美徳という価値観で誰もが暮らしています。心が追い立てられず、楽になれます。

食器を洗う洗剤が切れて買いに行っても、1年前と変わらないいくつかの定番商品から選ぶだけ。香りだけ変えた新商品に入れ替わっているということはありません。

週末にアクティブな消費者であることもいっさい求められません。そもそも店がほとんど閉まっています。日曜日は「売る人」も「買う人」もお休み。ただ、ゆっくりと家でのんびり過ごしましょう、という空気に街全体が包まれています。

食材が必要になったら、農家の方が直接手売りしているマー

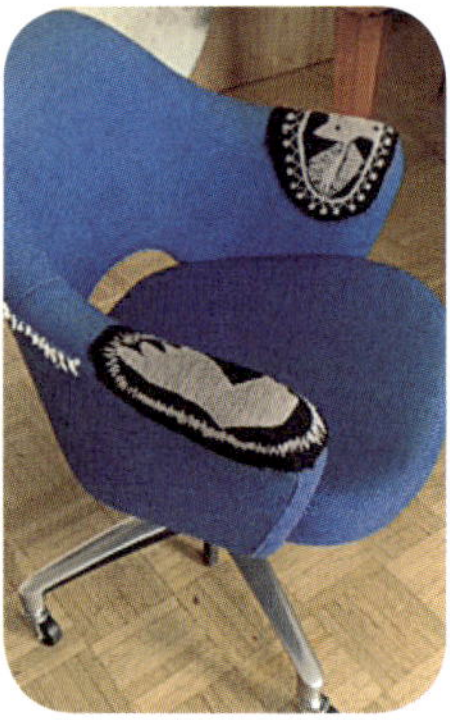

ベルリンに暮らす友人宅で。センスのいいつぎはぎをした古い椅子。

ケットへ。ここで新鮮な野菜に出会えるのも楽しみのひとつになっています。

いいものを長く使おうという価値観は、住まいにも息づいています。

新築住宅を建てることにはあまりこだわらず、古くからある住居を直しながら暮らします。みんな、好きな色に壁を塗ったり、ユニークなレイアウトを考えたりして、自分流に変えている様子はとても素敵。

私自身も、今の住まいで小さな問題点を見つけたときに、引っ越さずにリフォームする選択をしたのも、「住まいと長くつきあう」という楽しみ方をベルリンで教わった影響が大きいのです。

週末、マーケットで買った野菜といちご。

chapter 3

3

おたがいの生き方を認め合うベルリンにはまる

ドイツを東西に分断していたベルリンの壁が崩壊したのは1989年。今からたった26年前のことです。

当時20歳だった若者は今46歳で、ベルリンに暮らす人々の大多数が、「不自由な時代」をリアルタイムに体験していました。だからなのでしょう。ベルリンという街は、「自由をとことん謳歌しよう」という気概に満ちています。

制限の多かった時代を知っているからこそ、「自由はいつでも手に入るものではない」という危機感が人々の心の底にいつもある。その危うさが、「自由」への愛着という色に街を染め

西ドイツへの亡命者が後を絶たないため、東ドイツ政府が全長155kmものベルリンの壁をつくり、人々の自由を抑えつけてきた。

ているのだろうと想像します。

そして、その「自由」というのは、決して好き勝手していいという意味合いではないのです。

相手のことも自分のこともおたがいに尊重して共存できるルールをつくっていこうというもの。個々の生き方を認め合うために、守るべきルールはしっかり守る。だから、たとえば自転車の走行も含めて交通ルールに対する意識は高くて、ちょっといい加減なことをすると旅行者だって叱られます。

ルールさえ守れば、あとは自由。そのメリハリの利いたさじ加減がとても心地いいのです。

街を歩く人々のファッションや髪形といった見た目、一日の過ごし方や、生き方そのものも自由。老いも若きも、障がいのある人も、ＬＧＢＴ（性的少数者）の人も、それぞれの生き方を認め合っているから、トゲトゲしい空気を感じません。

何をするでもなく
公園でのんびり
過ごすのが
得意(?)なベルリン市民。

「社会的弱者に救いの手を差し伸べよう」といった福祉的な観念というより、どんな人も自立した生き方ができるように、制度や街づくりが進んでいるようです。ベルリンを旅するごとに、成熟した社会とはこのことか、と肌で感じます。

自由に対する感度が高いベルリン。それと比べると、日本は自由に対する意識がまだ低いのかもしれないと思うようにもなりました。

「人からどう思われるだろう」という不安がない

日本人は律儀で礼儀正しいというイメージを持っていましたが、ベルリンの人々の生き方に触れると、日本人の「他人と共有するルールを守ろう」という公共感覚は実はそれほど高くない気がしてきました。

チャリオットという自転車に取り付けて走る乗り物。自転車王国ドイツならでは。

守るべきルールの境界線があいまいなので、「どこからが個人の自由か」もあいまいになってしまう。だから、他人と少し違う行動をするだけで、「人からどう思われるだろう」なんて不安を感じやすくなるのではないでしょうか。

6年ほど前、機内誌の取材で、初めてベルリンを訪れたとき以来、私はベルリンという街に惹かれ、夏の期間の多くをここで過ごすようになりました。最小限のもので生き抜く強さを教えてくれたモンゴルの遊牧民と同じように、ベルリンの人々から「自由と自立を守る」精神の強さを感じます。

「自分は自分、他人は他人」。当たり前だけれど、大事にしないと見失ってしまう価値観を、強烈に示してくれる街。

どこかの誰かではなくて、自分にとって大切なものを手放さなければいい。ベルリンに行くたびに、暮らしの軸が定まっていくようなすがすがしい気持ちを感じられます。

長期滞在なので自炊もしている。納豆ごはんにのりの佃煮、お味噌汁、れんこんのきんぴら、菊の酢のもの。

chapter 3

4

「こうあらねばならない」から自由になる

たっぷり息を吸って、ゆっくり吐く。

ベルリンで過ごす時間は、私にとって深呼吸の「吸う」にあたるものに近いと感じます。あるいは、呼吸そのものを整えるようなもの。

物語を書くという仕事は、「出すこと」の連続です。呼吸でいうと「吐く」。自分の中からいいものを出しきるためには、いいものを吸い込まないといけない。年を重ねるごとに強く実感しています。

心地いい自由と自立の空気を吸えるベルリンでの時間は、私にとって大事な呼吸の一部になっています。

女性の同性愛カップルをテーマにした小説『にじいろガーデン』を書こうと思ったのも、ベルリンから受けた刺激がとても影響しています。

日本ではまだまだ肩身の狭い思いをしている同性愛の方々が、ベルリンではごく自然に肩を抱き、手をつなぎ合い、ラブラブで歩いています。多様な生き方に寛容な空気があるから、多様な人に出会える街。ベルリンは〝物語の種〟の宝庫です！

自分が心地よければ人と比べなくたっていい

思えば、ベルリンに通い始める前の私の暮らしや考え方は、「こうあらねばならない」という固定観念に縛られていたのかもしれません。

ビアガーデンなのに子どもの遊び場もあるお店も。のんびりとした雰囲気でカフェに近い。

誰からいわれたわけでもないのに、「40歳になった立派な大人はこうなっていなければならない」「仕事とはこういうもの」という執着が何となく生まれて、自分で自分を苦しめているところがありました。ひとりで淡々と物語を書いているつもりでも、どこかの誰かと自分を比較しては焦ったり、落ち込んだりすることがありました。

そうじゃないよ。自分が心地よければ、隣の人と比べなくたっていいじゃない。

ベルリンの暮らしの風景に触れると、そんなメッセージを受け取れて私は楽になれるのです。

人気のサーカス「ロンカリ」を観に行ったときも驚かされました。子どもだけでなく、立派に成熟した大人たちも少しおめかししてきて楽しんでいるのです。「サーカスは子ども向けの娯楽」という固定観念が自分の中にあったことに気づかされました。

夏の風物詩、ビアガーデンに行ってみたときは、逆に子どもがたくさんいることにびっくり。まるで遊園地のような飾り付けがされていて、「誰でもいらっしゃい」とオープンな雰囲気でゆったり過ごせました。

街ゆく人の装いも本当に多彩です。年配の方も、サングラスをかけたり、大胆な色やデザインの服をかっこよく着こなしています。素敵な帽子をかぶったマダムの後姿に引き寄せられて、思わずついていきたくなってしまったこともあるくらい。

自分自身が心地いいと思う気持ちを第一に過ごす。それがかなうと、他人に対する接し方にもゆとりが生まれるのだと思います。

感動したのは、レストランで見かけたある家族の風景。家族の一員として、なんとペットの犬もきちんと椅子に座ってテー

90歳になってもおしゃれ心を忘れない、もっとも年上の友人カトリーヌは、人生の大先輩。

ブルを囲んでいたのです。公共の場でもマナーよく過ごせるようにしつけられているのでしょう。飼い主の食事中はがまんをして、家族の輪の中におとなしく溶け込んでいました。

つまり、動物も「家族の一員」として社会に受け入れられ、尊重されているということ。飼い主も、社会のルールを守れるように、責任を持ってしつけをする。個人が自分の幸せを尊重するのと同時に、公共意識も高いレベルで大事にするからこその光景だと、憧れてやみません。「ペット同伴ＯＫ」でも制限の多い日本の生活文化に慣れていた私は、またも鮮やかに固定観念を壊されて、心地いいしびれにひたっていました。うちのゆりねもいつか……と、夢を見ています。

いつのまにか自分の中にためてしまった「こうあるべき」とか「こう決まっているから、しかたがない」を捨てられる場所。だから、ベルリンの旅はやめられないのです。

ドイツでは
ペットの殺処分ゼロを達成。
犬税があり
飼い主がペットに対して
責任を持つことが
当たり前になっている。

chapter 3

5

暮らすように旅をするミニマムな旅道具

私にとって旅の目的は、その街でしか味わえない生活を体験すること。

観光や特別なイベントで非日常を味わうのではなく、そこに暮らす人々と同じように過ごすようにしています。ふだんの感覚でその街の空気を味わうことにより、日本の日常との比較が鮮明にできて、気づきを多く得られるからです。

暮らすように旅をする。だから、旅の持ち物も日常の延長です。できるだけふだんの生活と変わらぬ快適さを保てるように、トランクの中身を吟味します。

よく借りているアパートは4階。ベランダで白ワインと肉じゃがのディナー。このあと塩昆布のおにぎりで締めた。

特に重視しているのは「食」。3日以上の滞在ではキッチンのあるアパートを借りるようにして、一日1食は自炊をします。このとき日本の食事を再現できる乾物が大活躍します。だしパックにお湯を注いで飲むだけでも、海外ではホッとできるのです。

旅先ではぐっすりと眠れる環境づくりも大切です。寝具が合わないと休まらないので、カシミヤの毛布が必需品に。自分になじんだ気持ちのいい毛布が1枚あるだけで、安心します。

持ち物の数は、旅の経験を重ねるごとに減っています。1ヵ月ほどの旅でも服は10着程度あれば十分。「これさえあれば大丈夫」と選び取るものは、実は本当に少ないのだと気づかされます。

トランクひとつで私はどこででも生きていける。そんな自信を備えた大人でありたいと思います。

旅先の食のおとも

使いなれた包丁とお箸

毎度の食事がフォーク&ナイフだとどこか落ち着かないので、ふだん使っているお箸は旅の必需品。調理もするので、使いなれた包丁もあると便利。

小さな醤油瓶

お醤油を買っている鳥居醤油店の「お醤油ケータイ」。旅先で出会った食材に、タラリとかけて楽しむ。愛嬌のある袋もお気に入り。

機内に持ち込むもの

読書用のiPad

旅先でゆっくりと読みたい本は電子書籍で楽しむ。重さを気にせず、心ゆくまで読書できるのがいい。

体調管理セット

長時間に及ぶフライトでは体調管理が大切。乾燥から喉を守るエッセンシャルオイルや布マスク、カシミヤのストールで風邪を予防。寝るときにはほどよい硬さの首枕を使う。

旅の荷物はこれだけ

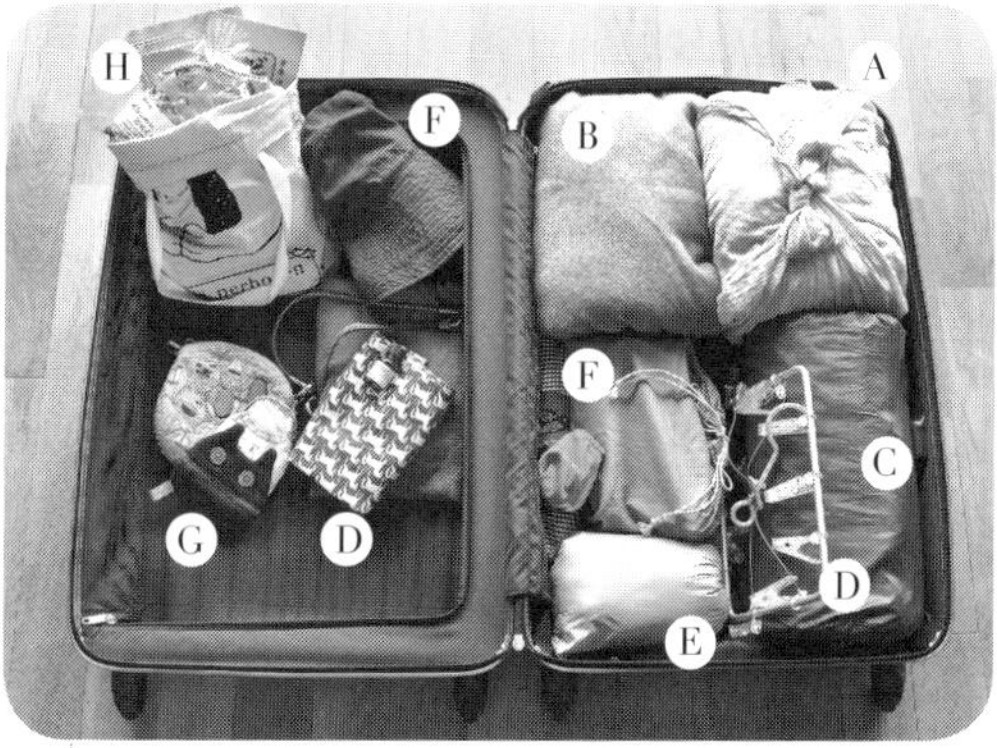

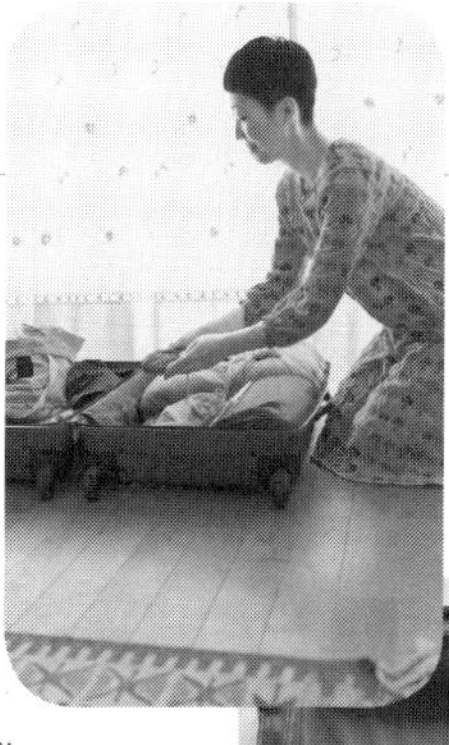

トランクの
中身A～Hの説明は
次ページで。
人生にとって
必要なものは案外少ない
と旅するごとに
実感できる。

A

服

アパートに滞在すると洗濯ができるので服は少なめ。薄手の長そでシャツ、カシミヤの薄いセーターとカーディガン、伊勢木綿のゆったりデザインのパンツ、防寒用のダウン。それでも寒いときは重ね着で対応。

B

カシミヤの毛布

ぐっすり眠れるカシミヤの毛布は、軽くて薄く畳めるので旅先にも持っていける。肌になじんだ柔らかな寝具に包まれれば、旅の疲れも癒える。

E

靴

機内を含めてふだんの移動はビルケンシュトックのサンダル（72ページ）。トランクに、ルームシューズとしても使えるビーチサンダル、コンサートにも履いていけるフラットシューズを入れていく。靴べらもあると便利。

F

紫外線対策セット

強い日差しが苦手なので、紫外線対策は必須。日焼け止めクリームはもちろんのこと、折り畳み式のサングラス、つばの広い帽子、そして晴雨兼用の傘を1本。

C

ヨガマット

キャンプ用のマットをヨガマットとして使用。ヨガをするときのほか、万が一宿泊先のマットレスが合わない場合の布団がわりに。

D

ピンチハンガー

室内で洗濯物を干せるピンチハンガーは、日本独自の優秀品。ホテルに泊まるときに重宝する。風呂敷は洗濯物の整理などに大活躍。

G

ポシェット、財布、鍵入れ

海外でも〝身軽〟を貫きたいので、外出用バッグは小さなポシェットのみ。財布や鍵入れも大げさなものは使わない。

H

乾物

ふだんに近い食事ができるよう乾物を大量に持参する。レンコンやゴボウなど干し野菜、ひじき、切干し大根、お湯を注ぐだけの海藻スープ、カレー粉、だしパック、お茶など。お煎餅もお米を食べた気がしてホッとする。

第4章

好きな「こと」や「ひと」だけでいい

私たちの身の周りにあふれるのは「もの」だけではありません。目の前を絶えず通り過ぎていく「こと」や「ひと」。自分らしさを見失わず、心軽やかに人生を謳歌するための「こと」や「ひと」とのつきあい方について、一度立ち止まって考えてみませんか。

chapter 4

1

携帯電話を持たないで、身軽に生きる

「携帯電話を持っていません」

そういうと、ほとんどの方はとてもびっくりした顔をします。「へぇ……」と絶句したまま、まじまじと私の顔を見つめる方もいます。

それくらい、現代の生活に「携帯電話を持つ」というのは当たり前のこととして浸透しているんですね。

私も何を隠そう、制作関係の会社に勤めていた20代のころは持っていました、立派な携帯電話を。世の中に流通し始めたばかりのケータイの、大きくて重かったこと！　その重さと、「いつでもつかまる」という束縛感が苦手でした。

当初は仕事に必要だったので我慢して持ち歩いていましたが、すぐに手放しました。

今日は遊びにきた
友人にランチで
クレソンと若竹入りの
カレーを振る舞う。
会って語り合うことの
充実感は大きい。

自宅で小説を書くのがメインの生活になってからは、固定電話とメール、ファクスだけですべての連絡を済ませています。

家にほとんどいるのですから、これで十分、こと足りています。

返信をそれほど急がない連絡はメールでいただきますし、急ぎの件であれば固定電話にかかってきます。出かけているときは、私は何らかの「外出の用事」をこなしているか、ひとりで歩きながら思索にふけりたいかのどちらかなので、電話は必要ないと割りきっています。

緊急で電話をかけなければならないときには公衆電話を探したり、どうしても困ったら買い物先でお店の電話をお借りしたりしています。外で待ち合わせをするときには相手の連絡先をうかがっておいて、万が一お会いできないときは公衆電話から連絡します。

わざわざ説明していますが、こういう生活、ほんのひと昔前は普通だったのですよね。それがいつの間にか、携帯電話があっという間に普及するとともに、私たちの生活の基本形が一変してしまったのです。無意識のうちに。

この「無意識のうちに」というのが、私が怖いなと思う点です。

生き方や暮らし方は、本来は自分自身で選択していくもの。時代の流れや「みんながそうだから」という理由だけで決めたくない。そう思います。

「いつでもつながる」という安心感は、一方で「甘え」にもつながるのではないかとも思います。

携帯電話を持たずに外に出ると、地図の検索はできませんし、「ちょっと遅れます」という連絡も簡単にはできません。ある意味、緊張感が生まれるのです。だから、事前によく調べてから出かけるようになりますし、約束に遅れないように早めに家を出るようにもなります。

こういう心構えみたいなものは、どんな環境でも生きる強さにつながるはず。できるだけ衰えさせたくないと思います。

もうひとつ、私が携帯電話から積極的に距離を保つ理由は、その情報量の多さです。今の携帯電話は電話というより情報の玉手箱。歩きながら小さな画面を食い入るように見ている人をたくさん、街中で見かけます。でも、すぐそばにあるきれいな空や季節の花に気づかないなんて、もったいない。小さな画面から目を離すだけで、素敵な出合いがあるかもしれないのに。

情報からあえて「離れる」という決意。リアルな世界を見る楽しみを満喫したいから、これからも私は「ケータイなし」の生き方を貫くだろうと思います。

chapter 4

2

人づきあいは「狭く、深く」

さらさらさらと、ガラスペンを走らせて文字を書く感触が好きです。

今日は少しご無沙汰している友達に手紙を書いています。これが届くのは2日後かな。届くころに電話でもしてみようかな。

インターネットで一度に多数の人に向けてメッセージを送れて、一瞬で「いいね」をもらえる時代だというのに、私はこんなアナログなコミュニケーションを楽しんでいます。

手紙を書くのが好きな理由は、大切な人に対して〝時間をかけて気持ちを伝える〟という贈り物ができるからです。手紙を書いているあいだ中、その人のことをあれこれ考えるのですから、書き終わるころには相手との関係性がより濃密に深まっています。

直接会うことも大切にしています。

レターセットや
グリーティングカードは、
定番のものを
いつも切らさないように
している。

100のメールより、一度会って30分でも話すほうが、表情や声のトーン、仕草から相手の状態が理解できます。顔を合わせて、同じ空気を吸って会話するのって、人間関係を築くうえでとても大事だと感じています。

そもそも、私はそれほど多くの友人とつきあっていません。友達は多ければいいというわけではなく、一生つきあっていきたいと思える方たちとだけ関係性を築いていけたらいいと思っています。

友達の数は少なくても、ひとりひとりとの関係は深く、長く。おたがいに忙しくしていて、一年に一度会うか会わないかという友達もいますが、それでも、いつもどこかで気にかけている。私は器用なほうではないので、「広く、浅く」の人間関係だとひとりひとりに心をかけられないんですよね。友人の数が少なければ、ひとりひとりに心を配って、いざというときも助け合える。そう思って、数を欲張らないようにしています。

思い起こせば、子どものころから「みんなと仲良くしなさい」といわれるのを窮屈に感じていました。「みんなと仲良くできなくてもいい。心から打ち解けられる友達を大切にしたらいい」。そんなふうにいわれるほうが、楽になる子どももいるんじゃないかなと、経験から感じます。

どんな相手と仲良くなるかというと、自分と似たタイプとは限りません。おしゃべりとショッピングが大好きな夫はしょっちゅう無駄なものを買って私に怒られていますが、心のどこかで通じ合う大切な友人のひとりです。

性別や年齢を問わずに一瞬でも濃密な時間をともに過ごせた人、素のままのニュートラルな自分を出して、相手の素の部分も受け入れられる人。そんな人と深いおつきあいを続けています。

親しい友人に対しては、厳しい意見をいうこともあります。相手を承認するのではなく、NOを示すのはとてもエネルギーがいることだけれど、大切な友人だから伝えます。

そして、とても重要なのがいうべきタイミング。相手の状況をじっくり観察していないと「そのとき」が見極められません。正しい見極めのためには、狭く、深く、相手に向き合っていなければいけない。

少ない友人と丁寧につきあう。これが私の人づきあいの大原則です。

chapter 4

3

私には私の役目。あとは任せて、委ねるほうがうまくいく

「こと」とのつきあいのなかで、仕事に向き合う姿勢として意識していることをお話ししようと思います。

私の仕事は物語を書くことです。その結果は「本」という形にまとまります。一冊の本ができあがるまでにはたくさんの人の力が必要になります。

本全体のコンセプトを一緒に考える編集者は、物語ができるまでずっと伴走してくれる存在。物語を書いたあとには、文章に合わせて本の「見た目」を整えてくださる装丁家が登場します。

どんな絵を採用して、どんな雰囲気に仕上げるのか。最後まで一貫して関わる作家の方もいるようですが、私はいっさい「お任せ」をするようにしています。

書きあげた物語を、ほかの方が受け取る印象に委ねて自由につくっていただいたほうが、きっ

本を出した時期やテーマ、
出版社が異なっていても、
こうして並べると、
「小川さんらしいですね」
といわれます。

といいものができると確信しているからです。実際にこれまで出してきた本で、装丁があがってきた瞬間に「こんなに素敵に！」と感動したことは幾度となくありました。

生活道具をつくる職人さんがそれぞれの〝持ち場〟で力を発揮されるように、本というものづくりも幾人ものプロの仕事が連携して成り立っているのです。

「任せる」「委ねる」。その力を信じると、自分だけの力では到底成しえなかった世界が開けます。

私が集中すべき仕事は、私に与えられた役割で、かつ、私にしかできないと思えること。そう判断するようにしています。

書き仕事でも、たまたま同じ時期に複数のオファーをいただくことがあります。そんなときは、「私ができること、やるべきことは何かな？」と考え、ほかの方のほうがきっとうまくいきそうな仕事を選択肢から外すようにしています。

ひとつひとつの仕事に丁寧に向き合っていきたいから、「何でも安請け合いをしない」のが、きっと相手にとっても自分にとっても誠意ある行動になるはず。今の私にとって何をやり遂げることがベストで、何を人に託すべきか。じっくり考えて、仕事も調整しています。

chapter 4

4

「ひと」「こと」づきあいは、自分のリズムを優先

「ひと」や「こと」とうまくつきあっていくために、私が大事に守っているのは生活のリズムです。

世の中が進むスピードは速いため、無意識に過ごしていると、たくさんの「ひと」や「こと」との出合いが押し寄せてきます。上手に制限をかけなければ、本来エネルギーと時間をかけるべきことに向き合えなくなってしまいます。

どうしたら自分のリズムが保てるか。考えた結果、私は自分の生活リズムに明確な〝ルール〟を設けることにしました。

それが「平日に仕事で人に会う約束は週に1回、金曜の午後のみ。」というルールです。

私は人と会うのは大好きですが、仕事でインタビューや打ち合わせが続くとさすがに神経が疲

れてきます。スケジュールがあいていればＯＫ、と制限なしに人と会う約束をしていたら、どうしても創作活動に支障が出てしまうと自覚していました。

だから、思いきって、週１ルールに。

平日の月曜日の朝から金曜日の昼まで執筆に没頭しているあいだは、他人様《ひとさま》にはお見せできないくらい殺伐としています。

その仕事時間を終えて金曜の午後に突入すると、スイッチを切り替えて「オフモード」に。ほぼ週末気分なので、余裕を持って人と接することができます。このルールを採用してから、より安定した気持ちで仕事に向き合えるようになりました。

会社勤めの方は私のようにはいかないとは思いますが、たとえば「金曜の15時以降は何も予定を入れない」とか、せめて「昼休みの１時間はメールを開かない」とか、できそうなルールを自分に課すのはいかがでしょうか。

大事なのは「自分で自分のリズムを守っている」という感覚を持てるかどうかです。その感覚があるだけで、気持ちがずいぶん落ち着くんですよ。

この週１ルールのお話をすると、「あまり人に会わないと不安になることはないですか」と聞

２０１５年のスケジュール帳。
中は見開きの状態で、
１ヵ月分の予定を一望できる。
毎年、このタイプの
スケジュール帳と決めている。

かれたことがありました。

不安はあまり感じません。私にとっては、このペースが最適だと信じきれているからだと思います。

ひとりで長い時間を過ごすことに不安を感じるとしたら、「人とあまり会わないなんて、周りからどう見られるだろう」という気持ちがあるのかもしれません。人からの評価ではなく、自分にとっての満足。そこにいつも立ち返れば、判断が揺らがなくなります。「足るを知る」ということなのかもしれません。

「こと」のリズムについては、私の場合、週単位でのリズムを意識するほか、1ヵ月や数ヵ月といったまとまった期間で予定を俯瞰《ふかん》してスケジュールを調整するように心がけています。

締め切り前で集中力を要しそうな週がわかっていたら、その次の週には重要な約束を入れないというふうに、出力のバランスをとっています。

息切れしないように、細く、長く。持続可能な生活を保つことが、物語をつくる基盤になると信じています。

chapter 4

5

自分の「好き」「嫌い」の感覚を信じる

もの、ひと、こと。私の暮らし、人生に関わるすべてに共通してこだわってきたのは何か、あらためて考えてみると、それは「好きかどうか」という感覚なのだと気づきました。

それを好きと思うか、嫌いなのか。「心地いいか、心地よくないか」という表現に置き換えることもできるかもしれません。

なんてプリミティブで、基本的な感情なのだろうと思いますが、「好き」という感覚だけに頼るのは、実は自分の感覚を信じる強さを要することです。

私は「好きなもの、ひと、ことに囲まれて暮らしていきたい」という欲求を自覚しているから、そこにエネルギーをかけてこられたのだと思います。その結果、より快適に、楽しいと思える生活に近づいてきました。

要は、自分の気持ちに素直になるといいのかもしれません。心から素直に。「好き」や「心地いい」の基準は人それぞれでとても主観的なものです。人がどういっているかとか、世間のランキングで何位かという基準ではなく、自分がどう思うかを常に見つめる態度を持ち続けること。

ものづきあい、ひとづきあい、ことづきあい。それぞれを通じて、「自分を大切にしている」という実感につながることで、心は満たされていくのではないでしょうか。

もの・ひと・ことを通じて自分の「好き」を追求でき、自分自身を大切にできているという実感を持つことが、とても大切であるように思います。

「好き」に対して貪欲になることは、誰でもいつでも始められることですし、それだけで暮らしが大きく変わる気がしませんか。

私はまだまだ「好き」を求めていきます。10年後、20年後はより厳選された好きなものだけに囲まれて、もっと気持ちよく暮らしている自分を想像しています。これから年を重ねていくのがますます楽しみになりました。

地元の植木屋さんが
経営する
循環型農園「吉実園」で
卵や野菜を買う。
何でも自分で触れて
選びたい。

おわりに

物書きとしてデビューしてから、7年が経ちました。今では、書くことが暮らしの中心です。

書き手にもさまざまなタイプの方がいらっしゃると思いますが、私の場合、書くことは、生活の延長というか、ふだんの暮らしと作品が密接に結びついています。だから、日々の暮らしをおろそかにすることはできません。日常生活の中から、作品が生まれます。

初期のころは、力いっぱいに全力疾走し、ゴールした瞬間にバタンと倒れる。そんな無茶な書き方をしていたように思います。けれど、そういうやり方だと、一作は書けても、次の作品を書くまでに時間があいてしまいます。

書き続けるためには、どうしたらいいのか？　そのことを真剣に考えたとき、とにかく無理をしないことだという結論に行き着きました。

淡々と、自分の心地いいペースを守りながら、歩くようなスピードで書いて、笑顔でゴールし、翌日からまた淡々と次の作品を書く、それが私の理想的な書き方です。

決して、体力があるほうではありません。だから、自分の体と相談し、余力を残しながら書くことが、私にとっては大事なのです。そのために、一日の疲れはその日のうちにリセットし、それでもたまってしまう疲れは、週末、マッサージなどで解消するよう心がけています。

集中して作品を書くためには、それと同じエネルギーでリラックスすることもまた大切であると気づきました。体の力がゆるんでいなければ、いざというときにグッとふんばることができませんから。思いっきり息を吐き出すには、その分思いっきり吸わなくてはいけないのと一緒です。

私は常に、振り幅を大きくしたいと思っています。遊ぶときは遊ぶ。集中するときは集中する。その波というかメリハリが、心地よく作品を書き続けるためのコツなのだと気づきました。

それは、どんな仕事でも一緒ではないでしょうか？　だから、週末なのに仕事を持ち込んだり、夜遅くまで残業することが優れているとは思いません。

昼と夜、平日と週末、仕事とバカンス、そのバランスをいかにとり、メリハリをつけるかが、よりよく生きるうえで大切なことだと思っています。

日本にいるとどうしても、何かを買う、つまりお金を使うことで幸せが手に入るように錯覚してしまいがちです。だから、お金を稼ぐために仕事をしてしまいます。けれど、お金がなくても幸せになれる方法は、工夫次第でいくらでもあると思うのです。

とても基本的なことですが、人は、幸せになるために働くのであって、お金を稼ぐことが目的ではありません。

モンゴルやベルリンなど、ふだん暮らしている東京を離れることで、私の価値観はだいぶ変わったように思います。自分さえその気になれば、私も遊牧民として生きることができますし、ベルリンで、お金をかけずに楽しく暮らすことも可能です。

こうでなければならない、という先入観から解放されると、いかに自分が自由であるかを思い知りました。

人からどう思われようが関係ないのです。大切なのは、自分がどう生きたいかということ。自分だけの幸せのモノサシを持つことです。極論をいえば、自分が幸せになれればいい。

この本は、月に一回ほど、編集者の呉さんとライターの宮本さんをわが家に招いてお話をするなかで生まれました。お会いするのは、金曜日の午後と決め、お茶を飲みながら、私の考えていること、感じていることなどをざっくばらんにお話しし、それを、宮本さんが文章にまとめてくださいました。

自らの言葉で書くこともできたのですが、今回はあえて、そうしておりません。自分で書くと、視野が狭まってしまいますから。自分にとっては「ふつう」や「当たり前」の感覚でも、ほかの方の目には違って見えることもたくさんあります。

物語を書くという本質からは離れますし、私生活を公開するのに抵抗がないとは言いきれないのですが、それも、ま、いいか、と最後は開き直った次第です。

まだまだ未熟な点が多々あることを承知のうえで、こんな生き方や暮らし方もありなんだな、と少しでも読者の方のご参考になれば幸いです。

そして、もしもより幸せに、楽に生きるための暮らしの糸口になるようなことを見つけていただけたら、こんなに嬉しいことはありません。

40歳をすぎ、そろそろ人生の終わりを意識するようになりました。あっという間の人生ですから、思いっきり気持ちよく、幸せに日々を送りたいなと思っております。

2015年10月

小川　糸

小川 糸

おがわ いと

２００８年に発表した小説『食堂かたつむり』（ポプラ文庫）が映画化され、ベストセラーに。同書は、２０１１年、イタリアのバンカレッラ賞、２０１３年、フランスのウジェニー・ブラジエ小説賞をそれぞれ受賞した。そのほかおもな著書に、『喋々喃々』『ファミリーツリー』『リボン』（以上、ポプラ文庫）、『にじいろガーデン』（集英社）、ドラマ化された『つるかめ助産院』（集英社文庫）、本屋大賞ノミネート作『ツバキ文具店』（幻冬舎）などがある。

これだけで、幸《しあわ》せ

小川《おがわ》糸《いと》
Ogawa Ito

小川糸《おがわいと》の
少《すく》なく暮《く》らす
29ヵ条《じょう》

2015年11月19日　第1刷発行　2025年3月21日　第9刷発行
著者／小川 糸　
ブックデザイン／岡本一宣デザイン事務所　小埜田尚子、井上友里 ● イラスト／秋山 花
撮影／大坪尚人 ● 企画・取材・構成／宮本恵理子 ● 発行者／篠木和久
発行所／株式会社講談社 ● 東京都文京区音羽2-12-21 〒112-8001
電話／編集03-5395-3522　販売03-5395-5817　業務03-5395-3615
印刷所／株式会社新藤慶昌堂 ● 製本所／株式会社国宝社

KODANSHA

定価はカバーに表示してあります。
落丁本・乱丁本は、購入書店名を明記のうえ、小社業務あてにお送りください。送料小社負担にてお取り替えいたします。なお、この本についてのお問い合わせは、第一事業局企画部あてにお願いいたします。

ISBN978-4-06-219677-2
N.D.C.924 160p 188mm